Normalkultur

Kulturen im Dialog

NORMALKULTUR
Kulturen im Dialog

Arthur Engelbert

Königshausen & Neumann

Danksagung
Für kritische Hinweise möchte ich mich bei Wolf Borchers, Manja Herlt, Michael Lorenzo Alvarez, Andreas Bienert und Helene Kleine bedanken.

Bibliografische Information der Deutschen Bibliothek

Die Deutsche Bibliothek verzeichnet diese Publikation in der Deutschen Nationalbibliografie; detaillierte bibliografische Daten sind im Internet über <http://dnb.ddb.de> abrufbar.

Gedruckt auf säurefreiem, alterungsbeständigem Papier
Umschlag: Hummel / Lang, Würzburg
Bindung: Buchbinderei Diehl+Co. GmbH, Wiesbaden

Printed in Germany
ISBN 978-3-8260-3905-8
www.koenigshausen-neumann.de
www.buchhandel.de
www.buchkatalog.de

Inhalt

Vorbemerkung zur Fragestellung

Mikro- und Makroprozesse
Die nachfolgenden Ausführungen versuchen, verschiedene Aspekte von Kultur aufeinander zu beziehen, um eine Antwort auf die Frage zu geben, welche Politik kulturelle Prozesse bestimmt, d.h. wie interkulturelle Dialoge zustande kommen. Das Ineinandergreifen von unterschiedlichen Ebenen ist schon ein kulturtechnisches Phänomen: Kultur funktioniert gut, weil jede Störung willkommen ist und sofort behoben wird. Einzelne Bereiche wie die Film- oder Musikindustrie zeigen im Kleinen an, was die vielen im Großen sowohl unterscheidet als auch miteinander verbindet. So werden in der Filmindustrie Haupt- und Nebenprodukte zunehmend parallel entwickelt und flächendeckend auf dafür zugeschnittenen Märkten vertrieben. Darum geht es. Inhalte sind sekundär, solange kulturelle Techniken und intermediale Transformationsprozesse im Vordergrund stehen.[1]

Die Rezeption verläuft wie McLuhan richtig aufgezeigt hat, in ‚magischen' Kanälen, seien es Berichterstattungen im Fernsehen und Radio sowie in Tageszeitungen, Internetforen oder Fachzeitschriften. Hier holt sich der kulturelle User ‚Inhalte' ab. Der gesamte Prozess einer einzigen Hollywood-Filmproduktion von der Herstellung bis zum Endverbraucher ist kaum zu überschauen. Aber das Prinzip ist in jeder Konserve enthalten. ‚Magie' ist auf Interessen und Motive von Einzelnen oder Gruppen zurückzuführen, also konstruiert. So umfasst beispielsweise der Science-Fiction-Film „Matrix" der Wachowski-Brüder von 1999 nicht nur einen Kinofilm und die dazugehörige DVD, sondern auch PC- und Videospiele, Internetseiten, Bücher, Comics und noch vieles andere mehr, wie die graphische Botschaft einer virtuell verschalteten Welt im Vorspann des Filmes. Um eine Produktions-Idee herum gibt es also in der Regel ein Bündel von Marketing-Maßnahmen und sich anschließender Realisierungen in diversen Medien. Die Verwertungsstrategien können, müssen aber nicht von einer

---

1 Strukturelle Gesetzmäßigkeiten hat Joachim Paech herausgearbeitet, indem er in intermedialen Transformationen ein operatives Bewegungsgesetz der „Formübernahme" von einem Medium bzw. System in ein anderes feststellt (in Anlehnung an Marshall McLuhan und Spencer Brown):

„Das Konzept Intermedialität operiert, anders als die literarische Intertextualität in der Erweiterung des Textbegriffs, von vornherein auf sehr verschiedenen Ebenen (oder in ganz unterschiedlichen Systemen). Je nach der Dimension des Medienbegriffs kann damit zum Beispiel die (evolutionäre) Beziehung zwischen technischen Instrumenten oder Apparaten zur Beobachtung, Darstellung und Kommunikation von Ausschnitten der Realität gemeint sein; ebenso kann das perzeptive Zusammenspiel von Medien der Wahrnehmung zur kognitiven Konstruktion von Realität als erkenntnistheoretische Intermedialität gelten; oder aber die Medien werden als Qualität oder Grund von formalen Eigenschaften unterschieden."

Joachim Paech: Intermediallität. Mediales Differenzial und transformative Figuration, in: HELBIG, Jörg (Hg.): Intermedialität. Theorie und Praxis eines intermedialen Forschungsgebiets, Berlin: Erich Schmidt Verlag 1998, S.19

Firma stammen. Schon allein die Werbung eines weltweiten Kinostarts setzt eine Lawine an Informationen und Kommentaren in Gang. Nicht einzelne Medien dominieren unsere Kultur, sondern eine Vielzahl, die scheinbar parallel bestehen. Anstelle des Beispiels aus der Filmindustrie ließen sich weitere aus anderen Bereichen anführen – wie etwa die documenta 12 des Kuratorenteams um Roger M. Börgel 2007 in Kassel, der Coup eines Verlages, der ein Buch für den Verkauf pushen will oder die lancierte Debatte eines Feuilletons, um die Aufmerksamkeit des Lesers als Konsument zu gewinnen. Hat man vor Jahrzehnten die Sensationshascherei der Boulevardpresse politisch und moralisch diskreditiert, so gewinnt man angesichts der Oberflächenpolitik selbst von Forschungsinstituten den Eindruck, dass sich die Dinge verschoben haben: Die Banalität hat Hochglanzformat. Was sich dahingehend ausdrückt, dass die „Bild Zeitung" Kultstatus genießen kann. Sie ist zwar aufgrund ihres in die Jahre gekommenen und nach wie vor korrupten Nachrichtengeschäftes medientechnisch überholt, aber informationspolitisch top, weil mitunter eine ihrer Überschriften alles trifft, was anderswo eher daneben geht. Aber das ist nicht alles, worauf hier aufmerksam gemacht werden soll: Die Quantität im Zugleich medialer Angebote hat gegenwärtig einen Normalpegel erreicht, auf den sich die Leute im kulturellen Verbrauch restlos einlassen, denn Kultur ist auf dem Niveau der Wiederverwertung von gleichgültigen Inhalten vorbildlich.

Das Zappen zwischen parallel bestehenden Kulturen verweist auf noch etwas anderes. Dabei ist es egal, ob die Fundstellen aus der Hoch- oder Niedrigkultur stammen, ob sie technologisch aufwendig oder medientechnisch konventionell angelegt sind oder ob sie aus einer aktiven oder passiven Perspektive wahrgenommen werden. Intermediale Dialoge verdampfen nicht im medialen Zwischenraum, sondern modifizieren Realitäten, auf die sie sich indirekt bzw. fiktional beziehen. Um das zu demonstrieren möchte ich noch ein weiteres Filmbeispiel anführen. Als 1983 der Musikfilm „Wild Style" von Charly Ahean herauskam, bestand die Hip-Hop-Musikrichtung schon seit mehr als zehn Jahren in den ‚schwarzen Slums' der USA, insbesondere in New York. Es war der erste erfolgreiche Film aus der Hip-Hop-Szene, der nicht nur die bekannten Mechanismen der Mehrfachverwertung wie einen Videofilm oder eine Schallplatte mit dem Soundtrack für die Musikszene nach sich zog. Der Film steht für den Anfang einer internationalen Jugendkultur, die angeregt durch diesen und dann in der Folge auch durch weitere Filme einzelne Elemente kopierte und kultivierte. Dies lässt sich beispielhaft für andere Städte seit Mitte der 80er Jahre in Berlin Kreuzberg anhand des im Jugendzentrums in der Naunynstraße beobachten. Der Film regte dazu an, bekannt gewordene Rapper, Breakdancer, Musikgruppen, DJ's nachzuahmen, ebenfalls Musik zu scratchen, Texte zu rappen und Animationssprüche zu toasten, sich den Kleidungsstil

(Mützen, Schuhe, Hosen) individuell anzueignen oder sich den Schriftzug von „Wild Style" für eigene Graffities zum Vorbild zu nehmen. So erreichte die Hip-Hop-Musikszene aus Brooklyn die Straßenzüge von Berlin – bildeten sich vor zwei Jahrzehnten Gangs entlang der U-Bahn Linie Eins.
Kultur findet ihre *zeitweisen* Beschränkungen allein in ideologischen, nationalen und religiösen Wertvorstellungen bzw. Überzeugungen. Ansonsten ist sie offen für den Gebrauch. Sie ist ein Markt, der nach betriebswirtschaftlichen Regeln und strukturellen Gesetzen wie der Steuerung paralleler Prozesse funktioniert. Diese garantieren zwar keinen Erfolg, machen ihn aber wahrscheinlich. Weil sich nicht alles beherrschen lässt, noch nicht alle Marktbewegungen erforscht sind, sind noch immer Unregelmäßigkeiten anzutreffen, die von sich aus einen Hype auslösen können, wie ‚Grunge', ein weltweiter Erfolg der Musikszene aus Seattle Ende der 80er Jahre.
Mich interessiert in diesem Text weniger die kommerzielle Indienstnahme von Kultur, sondern vielmehr die Voraussetzungen ihres Gebrauches, die unbeschränkt, also frei von einem verwertbaren Zweck sind. Weiterhin möchte ich die Beobachtung aufgreifen, dass heute vielfältige kulturelle Räume entstehen, die Rahmenbedingungen schaffen, die den Anspruch von Kunst haben, während gleichzeitig Kunstwerke sich in Prozessen, performativer Ästhetik und kontextbezogenen Projekten auflösen.
Ziel dieser Untersuchung ist es auch herauszufinden, ob im europäischen Raum die Idee der kulturellen und künstlerischen Freiheit noch eine Chance hat, angesichts des verlockenden Zwangs in vorhersehbaren Regeln immer besser funktionieren zu können: Freiheit als Indikator der Effizienz in gut funktionierenden Systemen.

Faktoren wie ‚Austausch', ‚Bildung', ‚Identität' oder ‚soziale Netzwerke' bestimmen die alltäglichen Voraussetzungen unserer Kultur. Sie erlauben Perspektiven auf Kultur, die ich in Abgrenzung zu aktuellen Begrifflichkeiten wie Hyper- oder Cyberkultur *Normalkultur* nenne und die ich anhand von Beispielen aus unterschiedlichen Diskursen diskutieren werde. Insgesamt zwölf Faktoren habe ich ausgewählt. Sie geben Auskunft über kulturelle Grundlagen unserer Kultur. Es soll gezeigt werden, woher sie stammen, wozu sie gebraucht werden und warum sie sich für wen verändern. Sie sind nicht vollständig und könnten auch durch andere ergänzt oder ersetzt werden. Es sind alte und neue Faktoren. Sie wandeln sich beständig, jedoch keineswegs völlig. Im Wandel der kulturellen Prozesse sind auf unerbittliche Weise Muster der Wiederholung tätig.

Dazu folgen in dem nächsten Abschnitt *Zur Methode der Untersuchung* dezidierte Ausführungen, die für den Aufbau des Textes aufschlussreich, aber zum Verständnis der nachfolgenden Kapitel nicht unbedingt notwendig sind. Deshalb kann der Leser, der auf diese methodische Lesehilfe verzichten will, auch gleich zum *I. Teil* übergehen und dort beginnen.

Zur Methode der Untersuchung

Es wurde eine Vorgehensweise gewählt, die dem Korrektiv durch die Analyse eine große Rolle beimisst. Unter Korrektiv muss man sich ein aktuelles Diskursthema vorstellen, welches die tradierten Kulturthemen miteinander konfrontiert. Solche Diskursthemen wie *Durchmischung, Soziale Form – kulturelle Netzwerke, Kolonisierung des Alltags* – Soziale *Wahlverwandtschaft* und *Entbalkanisierung* greifen die analysierten Themenfelder auf, ‚spinnen' den roten inhaltlich Faden fort. Beabsichtigt ist dadurch eine Kontrastierung und eine Erweiterung inhaltlicher Positionen.
Der Text ist in sechs Kapitel unterteilt. Jedes Kapitel hat zwei Abschnitte. Während der erste Abschnitt auf der Linie eines roten Fadens liegt, korrigiert, ergänzt oder irritiert der zweite den vorangegangenen Abschnitt. Zwischen der Frage nach dem kulturellen *Austausch*, (der *Identität*, dem *Theorie-Praxis-Verhältnis*, der *Bildung*, der *Utopie*) und dem des Standortes *Global-Lokal* zieht sich ein roter Faden. *Austausch* manifestiert sich in diesen Themenfeldern.
Auch wenn die Kontexte in den nachfolgenden Kapiteln wechseln, sind alle Ausführungen auf die Frage nach dem kulturellen Austausch zurückzuführen. Sogar dann, wenn im Schlusskapitel ein scheinbar peripheres, in Wirklichkeit aber zentrales und zeitnah lebendiges Korrektiv ins Feld geführt wird: Am Beispiel von „Balkan Beats" kann dort gezeigt werden, wie aus einem kulturellen Zusammenhang, sprich aus besonderen, europäischen Entstehungsbedingungen von ‚hybrider Musik' ein weltoffenes Musikphänomen seinen Lauf nimmt, das zugleich auch in diversen regionalen Kontexten prägnant ist.

‚Reformulierung' und ‚Verflüssigung'
In der begrifflichen Formulierung des Problems spielen zwei Ausdrücke eine Schlüsselrolle. Das ist einmal ‚Verflüssigung' und zum andern ‚Reformulierung'.

Mit dem Ausdruck ‚Verflüssigung' verbindet sich die These, dass eine isolierende Sichtweise nicht sinnvoll ist, dass eine Verflüssigung feststehender Formen nötig ist. Einerseits stehen die einzelnen Diskussionsstränge der nachfolgenden Kapitel in einem kontrastierenden Bezug zueinander, andererseits müssen sie in der Beschreibung jeweils für sich entwickelt werden. ‚Verflüssigung' darf also nicht mit der Bedeutung von Verwässerung im Sinne von Unschärfe oder Ungenauigkeit verwechselt werden, sondern wird hier in Abgrenzung zur statisch endgültigen Fixierung verwendet. Der Ausdruck ‚Verflüssigung' ist grundlegend für die gesamte Durchführung.

Unter ‚Reformulierung' verstehe ich die Wiederaneignung tradierter Begriffe wie ‚Bildung' oder ‚Utopie'. Das Nochmal und das Zurück in der Re-Formulierung ist mit der Chance verbunden, verdeckte Seiten dieses Ausdrucks in der Wiederaneignung hervortreten zu lassen. Der Begriff der Wiederaneignung markiert einen Bezug zur Tradition *und* zu aktuellen Debatten, das heißt zu dem heutigen Profil dieser Begriffe *und* deren Kontexten:

‚Reformulierung' steht auch in Abgrenzung zum Begriff ‚Neuformulierung'. Zu bedenken ist, ob ‚Reformulierung' ein Zugeständnis darstellt, das eine Schwäche kritischer Phantasie unter den herrschenden politischen Bedingungen anzeigt, also eine zeitgemäße Form der Selbstverblendung darstellt. Der Clou von ‚Reformulierung' ist jedoch eine Hinwendung zu einer reflektierten Beobachtung kultureller Austauschverhältnisse: Dies beinhaltet die Umschreibung bzw. Überschreibung eines feststehenden, aber ‚neu' zu übersetzenden Begriffes. Damit ist eine Differenz verbunden, die nicht mit dem bloßen Anschein des Neuen kokettiert. Gemeint ist vielmehr, einen verbindlichen Traditionsbezug anzugeben. ‚Reformulierung' in der Vermittlung von Tradition und Aktualität ersetzt für mich die Idee des Neuen als Unterscheidungskriterium.

Reformulierung am Beispiel von ‚Bildung' und ‚Dialog'

Damit dieser Ansatz deutlicher wird, bedarf es noch einer Klärung zum inhaltlichen Verständnis von Austausch. Kultureller Austausch vollzieht sich zwar als autarker Prozess aber doch in Abhängigkeit von Ökonomie und Politik. Für die Eigenständigkeit spricht eine kulturelle Leistung, die nach wie vor erworben werden muss, und die Hans-Georg Gadamer mit ‚Bildung' umschrieben hat.[2] Kulturerwerb, kulturelles Handeln und auch das Verständnis von Bildung haben sich verändert. Dem ist mit Bezug auf Gadamer nachzugehen.

Demzufolge lässt sich Bildung als eine Bereitschaft definieren, ästhetische *und* historische Kenntnisse mit der Fähigkeit zu verknüpfen, sich offen gegenüber Perspektiven anderer zu verhalten, diese beispielsweise in Kunstwerken als allgemeine Gesichtspunkte anerkennend zu vernehmen. Vernommen werden müssten aber auch soziale Formen der Intelligenz. Folgt man diesem Gedanken, kann Bildung nicht einfach durch vorausgesetztes Vorhandensein zufallen. Damit wäre ein Bruch zum passiven Verständnis von tradiertem Bildungsgut, von Bildung als Erbschaft, wie sie

---

2 Hans-Georg Gadamer: Wahrheit und Methode. Grundzüge einer philosophischen Hermeneutik, 4. Aufl., Tübingen: J. C. B. Mohr Verlag 1975, S.14

Peter Burke kritisiert, von erzieherischer Löffeldosis kulturwissenschaftlicher Logik oder von Bildung zum Zeitvertreib für alle angesagt. Die Konsequenzen, die sich hieraus ergeben, sind für das gegenwärtige Kulturverständnis weitreichender, als es zunächst scheinen mag. Sie verlangen nach anderen Strategien als die bisher gängigen kulturellen Praxen, sie verlangen Formen der aktiven Aneignung und Weiterentwicklung, worauf anhand des Utopie-Begriffes noch einzugehen sein wird.[3]

Die Wiedereinsetzung und ‚Reformulierung' des Begriffes ‚Bildung' nach Hans-Georg Gadamer erscheint auch deshalb einleuchtend, weil er sich auf diese Weise von anderen Formen des Kulturerwerbs abhebt. Bildung ist eine offene, dienende Form von Arbeit; sie unterscheidet sich darin von zielorientierter, auf Effizienz getrimmter Erwerbsarbeit.

Weiterhin verfügt Kultur über eigene Antriebsmomente, die von denen des Waren- und Geldverkehrs getrennt werden müssen. Auch hier ist ein Rückgriff auf die Tradition unumgänglich. Denn fragt man nach den spezifischen Antriebsmomenten von Kultur, die den Austausch zwischen Kulturen, zwischen Leuten und Dingen regeln und vorantreiben, wird man ebenfalls auf Überkommenes aufmerksam: Auf den ‚Dialog', angefangen bei dem platonischen bis zum intermedialen. Dialoge finden sich in althergebrachten und aktuellen Konstellationen wie global-lokalen Überformungen, die darauf aus sind, andere ‚Sprechweisen' zu erproben. Will man dieser Auslegung von Dialog als Methode in kulturellen Prozessen folgen, muss man den Begriff ‚Dialog' reformulieren: Dialog wäre demnach weiter gefasst als das Zwiegespräch,[4] es wäre die ‚Sprechfähigkeit' von Kulturen, von Leuten miteinander und Dingen in Bezug aufeinander. Unter Sprechfähigkeit sind alle Formen des Ausdrucks oder Zeigens gemeint, die durch ihre ‚Vernehmbarkeit' sich entfalten. Das lässt sich beispielhaft demonstrieren. In dem Abschnitt *Kolonisierung des Alltags* wird an einer Stelle ein kritisches Korrektiv gegenüber der bekannten Auffassung Ver-

---

3 Das alte Bildungsverständnis samt seinen urban aufgedonnerten musealen Tempeln ist so lebendig, wie die Fotos, mit denen Kulturtouristen wie ehemals Neu-Gierige in Sex-Shops gelockt wurden. Kulturtourismus ist nichts anderes als eine Ersatzbefriedigung für mangelnde oder schlicht fehlende „Bildung", wohingegen „Bildungsreisen" durchaus im Sinne eines kulturellen Austausches gestaltet werden können. Dreierlei ist dazu anzumerken: erstens ist einzugestehen, dass etablierte Reiseveranstalter durch Betreuungen vor Ort in der Regel mehr zu einem zivilisierten Auftreten und Kennenlernen von Buchungstouristen in Gastländern beigetragen haben als man vermuten würde, zweitens gibt es eine auf Humboldt zurückgehende kulturelle Erkundungsreise, die mit der Kritik des Postkolonismus noch immer akzeptabel ist und drittens gibt es Studien-Reisen, die den Austausch suchen und gestalten.
cultrans: www.fh-potsdam.de/~kultur/PROJECTS/cultrans

4 Die alte Bestimmung des Zwiegespräches von Ich und Du, wie sie Martin Buber intendierte, braucht dadurch nicht aufgegeben werden.
Siehe auch Hans-Georg Gadamer: Wer bin ich und wer bist Du. Kommentar zu Celans Gedichtfolge 'Atemkristall', in: Jacques Derrida; Hans-Georg Gadamer: Der ununterbrochene Dialog, 1. Aufl., Frankfurt am Main: Suhrkamp Verlag 2004, S.73

nehmbarkeit angeführt. Es geht um die vielfach anzutreffende Passivität gegenüber kultureller Selbstbestimmung. Es kann demonstriert werden, wo die gegenwärtigen Grenzen der Vernehmbarkeit (von Dialog als durchscheinender Rede) konkret liegen. Das in Einzelfällen beobachtbare Phänomen lässt sich sehr gut mit der wieder aufgekommenen Diskussion um die Verdinglichung, sprich mit der Vergleichgültigung und Versachlichung gesellschaftlicher Erfahrungen verbinden. Das Problem, welches hierbei diskutiert wird, ist eines der aktiven, ‚lebendigen' Kulturarbeit. Vernehmbarkeit muss sich nicht in einer gesellschaftlichen Einheit, einem Volk oder einer politischen Klasse bündeln, sondern sie reicht sich selbst weiter: Kultur basiert auf Austausch und dieser bildet sich fort, womit Bildung als eine soziale Form der Selbsthervorbringung sowie der Selbstbestimmung und nicht als Erziehung verstanden wird.[5] Bildung ist vielmehr eine transparente, öffentlich sich gestaltende, intelligente Selbsthervorbringung. Bildung kann in diesem Sinne keinen Abschluss haben, wie auch Lernen im ‚wirklichen' Leben immer weitergeht.
In dem als korrektiv gesetzten Abschnitt *Soziale Form – kulturelle Netzwerke* geht es darum, wie eine Form von gemeinschaftlicher Intelligenz als ‚Sprechfähigkeit' von Kulturen bzw. Subkulturen zu fassen ist. Seitdem die so genannten Schwellenländer im kulturellen Austausch auf frei verfügbare kulturelle Ressourcen zurückgreifen können, kann der transkulturelle und intermediale Dialog sozusagen auf gleicher Augenhöhe stattfinden. Den Gebildeten stehen nicht mehr vermeintlich Ungebildete, den Kultivierten nicht mehr einfach Unkultivierte gegenüber. Weil im globalen Beziehungsgeflecht Wirtschaftströme und Bildungsströme miteinander verwoben sind, entstehen im Austausch zwischen den Kulturen andere Beziehungsmuster als die westlich tradierten, die im ästhetischen Wertekanon oder im angehäuften Bildungswissen ihre Stütze hatten. Im Wechselspiel zwischen kommerziellen, politischen und kulturellen Ebenen entwickelt sich der Austausch, das Geschäft, die Zusammenschlüsse von Individuen und die Identifikation, hier manifestieren sich Interessen, Machtansprüche und Bildung.[6]

‚Austausch' als intermedialer Dialog

Der Text beginnt mit der Annahme, dass Kultur auf Austausch beruhe. Der Vorteil dieser Bestimmung ist, dass ein Geschehen betont wird, dass Handlungen dem kulturellen Alltag abgeschaut werden können und die

5 Wenn Bildung eine soziale Form der Selbstbestimmung bezeichnet, ist damit auch eine „Abgrenzung" zu einer „biopolitischen Selbstorganisation" angezeigt. Zu überlegen ist, wie man die komplexe, logische Struktur eines intelligenten Zusammenwirkens von Gruppen, künstlerischen Kreisen und einzelnen Individuen fassen kann. Anhand der Überlegungen zu einer „Grammatik der Multitude" bei Paolo Virno wird hierauf noch weiter eingegangen.

6 Zur Frage der ästhetischen Gewaltenteilung siehe: Arthur Engelbert: The Work of Art and the Public's Role, in: Hermann Voesgen (Hg.): "What makes Sense?". Cultural Management and the Question of Values in a Shifting Landscapes, published by ENCATC, Dresden: elinea 2005, S.129

Normalität einer aktiven, sich verwirklichenden Kultur anzeigen. Deshalb spreche ich in diesem Text von Normalkultur und das geschieht ganz bewusst in Abgrenzung zur Leitkulturdebatte.[7] Während in der Leitkulturdebatte Parameter von Kultur ermittelt, subsumiert und in ihrem Rang abgewogen werden, geht es mir um eine Dynamik kultureller Ideen, die im Alltag zu Ansehen gelangen. Austausch ist nicht nur das aktive Geschäft einzelner sich verwirklichender Kulturen, sondern auch das Verhältnis zwischen ihnen. Somit ist es möglich, die Partizipation und Mitgestaltung in kulturellen Handlungen in den Vordergrund zu rücken. Hierdurch gewinnt die Praxis eine Schlüsselrolle, zum einen, weil eine aktive Teilhabe gegenüber einer passiven Anteilnahme stärker gewichtet und zum andern, weil das Theorie-Praxis-Verhältnis durch eine dynamische und kritisch reflektierte Praxis bereichert wird. Dabei wird von zweierlei ausgegangen:

Erstens weist ‚Austausch' ganz allgemein auf Prozesse hin, in denen etwas transportiert, also hin und herbewegt wird, in denen ein Geben und Nehmen stattfindet. ‚Lebendige' Kultur ist dazu in der Lage, ‚eigene' Schätze abzugeben oder ‚fremde' aufzunehmen ohne dadurch ihr Gesicht, ihren Rang und Wert zu verlieren. Man sollte davon abrücken, den Austausch allein auf die Zweiseitenrelation, sprich auf die einseitige Beziehung eines Austauschvorganges zu reduzieren. Geregelt werden solche vielfältigen Prozesse allgemein durch Universalien wie Geld und Sprachen. Wenn nach kulturellen Prozessen gefragt wird, bedarf es eines Mediums, in dem diese ihren Niederschlag finden. ‚Bildung' ist ein offener Prozess. Gemeinhin wird ‚Bildung' als Kulturerwerb und damit auch als eine Art Vermögen angesehen. Unter Vermögen ist einmal die Befähigung zum Erwerb von Bildung zu verstehen und ein andermal die Fähigkeit, dieses anders als durch Erwerbsarbeit erworbene ‚Kapital' zu tauschen, es in Transferleistungen einzusetzen. Bildung kommt nur zustande, weil vielschichtige Erfahrungen im kulturellen Austausch gemacht werden. Jedoch ist es nicht einfach zu bestimmen, wie sich Bildung konkret in Resultaten niederschlägt. Und es ist auch die Frage, ob das überhaupt entscheidend ist. Bezieht man alle Faktoren ein, die kulturelle Erfahrungen auslösen können, ohne dass man jetzt schon sagen kann, was das im Einzelnen sein kann, wird in diesem Text davon ausgegangen, dass sie sich gegenseitig

---

[7] Ganz hervorragend hat Max Fuchs, die Positionen einer „islamischen", „deutschen" und „europäsichen" Leitkultur (Bassam Tibi, Friedrich Merz, Norbert Lammert) analysiert und ist zu dem Schluss gekommen:
„Man muss zur Kenntnis nehmen, dass jede Identifizierung einer „Leitkultur", die über die Normen und Werte des Grundgesetzes und der Menschenrechte hinausgehen, willkürlich ist und zu kultureller und struktureller Gewalt führt."
Max Fuchs: Zu den kulturellen Grundlagen der Gesellschaft. Der Streit über eine Leitkultur als Herausforderung für die Kulturpolitik und -pädagogik, Berlin: Deutscher Kulturrat, www.kulturrat.de 30.09.2006, S.52

beeinflussen, seien es materielle oder mentale Faktoren, seien es lineare oder zirkuläre Prozesse. Jeder Prozess setzt sich aus einzelnen Aktionen zusammen: Da kulturelle bzw. ästhetische Erfahrungen auf konkrete, einzelne Handlungen zurückzuführen sind, ragen einige heraus, während viele eher unauffällig sind. Nur weil es hin und wieder herausragende kulturelle bzw. ästhetische Erfahrungen gibt, besteht aber kein ausreichender Grund, sie dahingehend aufzuwerten, dass sie als Ausnahme den Status der Einmaligkeit und Einzigartigkeit erhalten. Die Konstruktion einer solchen normativen Wertschätzung läuft darauf hinaus, dass herausragende ästhetische Erfahrungen eine Führungsrolle einnehmen. Zwar kann man zugestehen, dass nicht alles gleich ist, dass kulturelle Erfahrungen sowie Prozesse sich voneinander unterscheiden. Einige erfahren mehr Beachtung als andere. Denn im Sinne der Aufmerksamkeitsökonomie und der Interessen, die dabei eine Rolle spielen, muss das zwangsläufig so sein. Was jedoch dadurch nicht automatisch gegeben ist, ist der Statusgewinn von Einmaligkeit und Einzigartigkeit. In Abgrenzung dazu wird hier die Auffassung favorisiert, dass alle Einzelleistungen anzuerkennen sind. Exklusivität oder Singularität sind durchaus normal in dem hier vertretenen Modell: Sie gehören genau so dazu, heben sich ab und relativieren sich wieder, denn sie stehen in Bezug zu anderen Handlungen.

Zweitens verbindet sich mit ‚Austausch' ganz allgemein Ersetzbarkeit. Ersetzbarkeit fordert begrifflich gesehen wiederum Unersetzbarkeit heraus. Bezogen auf Kultur lautet das Paradoxon, alle an dem Prozess beteiligten Personen oder Werke sind gleichzeitig notwendig und ersetzbar. Ersetzbarkeit ruft Unersetzbarkeit auf den Plan. Das heißt, wenn alle Personen und Werke durch Stellvertreter ersetzt werden können, dann sind kulturelle Umschlagplätze, die Prozesse dynamisieren, jederzeit durch andere substituierbar. Dass Unersetzbarkeit durch Dauerkonservierung von Kulturgütern erreicht werden könne, ist ein schöner Traum vom nie enden wollenden Kulturbesitz. Auch der ‚symbolische Tausch'[8] kann die Unersetzbarkeit in letzter Konsequenz nicht aufhalten, vielleicht nur ein wenig verzögern. Wie ist es zu dieser Vorstellung gekommen? Man muss sich diese Frage stellen, weil sie die Gefahr einer Mumifzierung von Kultur in sich birgt. Die permanente Inthronisierung des Unersetzbaren verkrustet kulturelle Errungenschaften. Das führt zu einem Widerspruch: Obwohl sich Ersetzbarkeit fortsetzt, wird die Wiederholung kulturell ritualisiert und schlägt in ihr Gegenteil um: Einmaligkeit und Einzigartigkeit sind das Stigma von ästhetischen Erfahrungen und künstlerischer Differenz. Sie

---

[8] „Es bleibt uns nichts als die theoretische Gewalt. Die Todesspekulation, deren einzige Methode die Radikalisierung aller Hypothesen ist. Selbst der Code und das Symbolische sind noch Simulationsbegriffe – man müsste sie schrittweise dem Diskurs entziehen können."
Jean Baudrillard: Der symbolische Tausch und der Tod, 1. Aufl., München: Matthes & Seitz Verlag 1982, S.14
Siehe auch ders.: Der unmögliche Tausch, Berlin: Merve Verlag 2000, S.9f.

erhalten den merkwürdigen Status des Unwiederholbaren. Damit entziehen sie sich dem Zeitverlauf, werden aber dennoch klassifiziert und historisch eingeordnet. Man darf an dieser Stelle am Beispiel des Buchdrucks daran erinnern, dass der jeweilige Stand der technischen Reproduktion auch eine kulturelle Errungenschaft darstellt und dass die massenhafte Verbreitung Vorteile für viele mit sich bringt. Demgegenüber hat sich aber der merkwürdige Status des Unwiederholbaren in die kulturelle Erinnerung eingeschrieben. Deshalb wurde und wird das Unwiederholbare bis heute geschützt. Es ist immer dann ernsthaft in Gefahr, wenn der jeweilige Stand der technischen Reproduktion bislang vertraute einmalige Ereignisse aufzeichnen bzw. Werke duplizieren kann, weil dadurch die kultische Hierarchie gestört wird. Walter Benjamin konnte dies anhand des Begriffes der Aura verdeutlichen. Und Marshall McLuhan radikalisierte dies anhand der Begriffe Medium und Botschaft. Beiden ließe sich entgegenhalten, dass Normalkultur in der alltäglichen Realität, also nirgendwo anders als dort erfahrbar ist und zwar als ein fließender Bezug zu all den Medien, die hier ihren Ort anzeigen können.

Es ist nicht bloß in Zululand passiert. Es ist auch in Australien passiert. Es ist überall auf der Welt passiert, bloß nicht in einer so prägnanten Form. Diese jungen Männer aus Oxford und Cambridge und St. Cyr boten den Barbaren auf der Welt ein falsches Ideal an. Werft eure Götzenbilder weg, sagten sie. Ihr könnt sein wie die Götter. Schaut auf die Griechen, sagen sie. Und in der Tat, wer kann in Griechenland Götter von Menschen unterscheiden, in dem romantischen Griechenland dieser jungen Männer, der Erben der Humanisten? Kommt in unsere Schulen sagten sie, und wir werden euch lehren, zu sein wie Götter. In unseren Schulen werdet ihr Vernunft lernen und die Wissenschaften, die aus der Vernunft entspringen, so daß ihr die Welt bezwingen könnt. Auch die Krankheit bezwingen und die Verderbnis des Fleisches. Wir werden euch lehren, ewig zu leben.

John M. Coetzee: Die Geisteswissenschaften in Afrika,
in: Carl Friedrich Siemens Stiftung, München: 2001, S.78

Austausch

Kultur basiert auf Austausch.[9] Dagegen wäre nichts weiter einzuwenden, weil in kulturellen Prozessen etwas vermittelt, übersetzt, übertragen, angeboten oder gespeichert wird. Nur, man würde gern wissen, was ausgetauscht wird, wie das vonstatten geht und wer daran beteiligt ist.[10] Kann man kulturelle Werke tauschen? Kann man sie besitzen? Zweifellos. Man kann Kulturgüter herstellen, erwerben, besitzen und ausstellen. Das ist

---

9 Dass Kulturen sich im Verhältnis zu anderen Kulturen austauschen, setzt auf der sprachlichen Ebene das Gespräch, das Selbstgespräch bzw. die Auseinandersetzung im Dialog voraus. Ob man das Verhältnis zwischen den Kulturen mit einem „Trans“ oder „Inter“ versieht, von interkulturellem oder transkulturellem Dialog spricht, dürfte angesichts dessen, was im Umfeld einzelner, für sich noch bestehender Kulturen als Ganzes geleistet wird, sekundär sein, wie schon recht früh Wolfgang Welsch in die Debatte eingeworfen hat:
„Heute werden für *jede* Kultur tendenziell alle *anderen* Kulturen zu Binnengehalten oder Trabanten. Das geschieht im Gefolge sowohl von Immigrationsprozessen wie von technologischen Entwicklungen. Weltweit leben in der Mehrzahl der Länder Angehörige auch aller anderen Länder dieser Erde. Ein Übriges tragen Unterhaltungs- und Freizeitindustrie, Mode und neue Konsumkultur bei: Indio-Lieder in unseren Hitparaden, Karibik-Studios in jeder Kleinstadt, Exotismus in der Mode und Ananas das ganze Jahr über. Man denke zudem an die globale Vernetzung der Kommunikationstechniken und Fernsehprogramme.“
Wolfgang Welsch: Transkulturalität. Lebensformen nach der Auflösung, in: Kurt Luger; Rudi Renger (Hg.): Dialog der Kulturen. Die multikulturelle Gesellschaft und die Medien, Wien: Österreichischer Kunst und Kulturverlag 1994, S.157f.

10 Ausgeklammert ist in der nachfolgenden Untersuchung, den Tausch unter den Gesichtspunkten von „Währung“, „symbolischem Akt“, „Geschenk“ oder „Opfergabe“ zu bestimmen.
Dies soll einmal an anderer Stelle explizit erfolgen. Implizit sind jedoch diese Aspekte als „kulturelle Differenz“ bereits mitbedacht.

Gang und Gebe. Die Frage allein ist, welche Perspektive dabei eingenommen wird. Ist es eine Perspektive der Dinge? Oder ist es eine Perspektive der Herstellenden bzw. die der Zuschauer? Selbstverständlich kann man unterschiedliche Positionen einnehmen. Die Frage ist wiederum nur, was dadurch jeweils gewonnen wäre. Anders gefragt: Warum gefällt es, etwas zu glauben, etwas gut zu finden, anderes wieder nicht? Warum verhält man sich wertend und beurteilend widersprüchlich bzw. dilettantisch unwissend? Um also festzustellen, welche Position man einnimmt, sollte man den eigenen Standpunkt gegen einen anderen tauschen und beobachten können, wie die eigene Positionierung im Verhältnis zu anderen konstituiert ist. Das Problem, das man hierbei lösen muss, ist herauszufinden, woher man weiß, was ein ‚eigener' oder ‚fremder' Standpunkt ist.[11] Es ist fraglich, ob es eine isolierende Position überhaupt geben kann. An dieser Stelle reicht es aus festzustellen, dass ein ‚eigener' Standpunkt sich dadurch auszeichnet, dass er sich seiner Prägung durch die Tradition und durch aktuelle Diskurse bewusst ist. Das soll im Folgenden an der Konstruktion einer historischen Perspektive demonstriert werden.

Ein historischer Standpunkt,[12] der in Europa verbreitet ist, orientiert sich an der Epochenschwelle um 1800: Seit den Anfängen der westlichen Moderne vor ca. 200 Jahren wurden kulturelle Prozesse gesellschaftlich differenziert sowie kulturinstitutionell und kunstpolitisch organisiert. Dabei konnte man schon auf eine so lange Vorgeschichte zurückgreifen, wie kulturelle Zeugnisse überhaupt überliefert sind.[13] Dass diese Prozess in ihren offenen und verdeckten Zielsetzungen problematisch sind, haben viele Studien zur Transkulturalität der letzten Jahrzehnte gezeigt[14]: Interkultureller Austausch war immer auch ein Ausdruck von politischen und wirtschaftlichen Interessen. Die Austauschverhältnisse gingen einher mit

---

11 In der Alltagssprache werden gern Assoziationen zur Bühne oder zum Film benutzt: „Das läuft ja ab wie im Film" oder „Hinter der Maske ist nichts". Vergleiche auch die Untersuchungen zur Rollentheorie:

Gottfried Eisermann: Rolle und Maske, Tübingen: J.C.B. Mohr Verlag 1991

Frigga Haug,: Kritik der Rollentheorie, Hamburg: Argument-Verlag 1994

Erving Goffman: Wir alle spielen Theater. Die Selbstdarstellung im Alltag, 5. Aufl., München: Piper Verlag 1996

12 Entgegen einer passiven Vorstellung von Kultur als „Erbschaft" oder „Akkumulation" führt Peter Burke sechs „alternative" Perspektiven aus der Geschichte an (wie Aneignung, Anpassung, Mischen/ Synkretismus und Hybridität, verifiziert an unterschiedlichen Epochen seit der Renaissance).

Peter Burke: Kultureller Austausch, 1. Aufl., Frankfurt am Main: Suhrkamp Verlag 2000, S.17-21 (Erbschaft unserer Zeit, Vorträge über den Wissensstand der Epoche, Band 8)

13 Siehe Katalog Köln: Kunstwelten im Dialog. Von Gauguin zur globalen Gegenwart, hg. von Marc Scheps, Yilmar Dziewior und Barbara M. Thiemann, Museum Ludwig Köln, Köln: 1999, 2000.

14 Siehe Katalog Graz: Inklusion : Exklusion: Versuch einer neuen Kartografie der Kunst im Zeitalter von Postkolonialismus und globaler Migration, hg. von Peter Weibel, Steirischer Herbst 96, Köln: DuMont Buchverlag 1997.

Siehe auch Stuart Hall: Die Zentralität von Kultur, in: Andreas Hepp; Martin Löffler (Hg.): Grundlagentexte zur transkulturellen Kommunikation, Stuttgart: UVK Verlagsgesellschaft 2002, S.95-117

hegemonialen Machtansprüchen während der vielen Phasen seit der antiken Kolonisation der Völker im Mittelmeerraum und den Übersee-Eroberungen nichteuropäischer Kulturen seit ca. 1500.[15] Auch wenn die Verbreitung der westlichen Kulturen zu Überformungen, Verdrängungen und Überlagerungen anderer Kulturen geführt hat, darf man nicht übersehen, dass auch die europäische Kultur nicht homogen, sondern hybrid ist.[16] Eine homogene Kultur hat es in Europa nie gegeben.[17]
In dem Europa der sich beeinflussenden und sich ablösenden Kulturen ist es ganz offensichtlich, dass bis heute einzelne Regionen bzw. Städte sichtbare Schichten der Überlagerung und Durchmischung aufweisen, die noch immer das Stadtbild prägen. Wie verhält man sich dazu? Diese Dinge betreffen jeden, der sich in einem solchen Umfeld bewegt. Man kann gegen die historischen Überlagerungen einwenden, dass sie auf dem Niveau von Klischees funktionieren. So wird heutzutage in vielen europäischen Städten der historische Kern als eine blitzblanke Trophäe früherer Zeiten herausgeputzt.[18] Hat man mit dieser kritischen Infragestellung auch schon die eigene gegen eine andere Position ausgetauscht? Dass man die historischen Bedingungen der Realität akzeptieren oder ablehnen kann, reicht allein aber nicht aus. Erst, wenn man eine andere als die tatsächlich vorhandene Realität fingiert, kann es zu einem Wechsel der Perspektive kommen. Es bedarf also eines Ebenensprunges in der Sichtweise. Dieser kann jedoch nur erfolgen, wenn das vorhandene Muster von Realität fiktiv verändert wird. Deshalb wird in diesem Text die Konstruktion einer fiktiven Realität, sprich einer Utopie diskutiert. Man sollte sich schon vorstellen können, unter welchen Voraussetzungen bzw. nach Maßgabe welchen Entwurfes Realität sich wandeln könnte, bevor man diese verändern kann und ob man das unter solchen Vorzeichen überhaupt will.

Dazu ein aktuelles Bespiel: Wenn die sich ablösenden Kulturen immer auch einen Hinweis auf einen Wechsel in den Machtverhältnissen liefern, muss man sich fragen, welchem Machtgefüge gegenwärtig kulturelle Zentren wie z.B. ‚Megacities' entsprechen. Eine Politik der Verräumlichung von Macht im Spiegel kultureller Zusammenballungen wäre eigens zu untersuchen, wenn man erfahren wollte, was schwer durchschaubare Konstel-

---

15 Siehe Katalog Washington: Circa 1492. Art in the Age of Exploration, hg. von Jay A. Levenson, National Gallery oft Art Washington, New Haven, London: Yale University Press 1991
Siehe auch Edward W. Said: Culture & Imperialism, London: Vintage Edition 1994

16 „Europa ist voll von Städten, die ihre ethnischen und kulturellen Zugehörigkeiten im Laufe der Jahrhunderte geändert haben. Und es ist voller Menschen, die stärker an ihren kollektiven Mythen als an der historischen Realität festhalten."
Norman Davies; Roger Moorhouse: Breslau. Die Blume Europas. Die Geschichte einer mitteleuropäischen Stadt, München: Droemer Verlag 2002/2005, S.11

17 Die nicht uninteressante Frage ist, wie ein Atlas zur historischen Geographie der Kulturen aussehen müsste.

18 Venedig ist ein Musterbeispiel für die Musealisierung des tradierten Stadtbildes, ein schönes allemal.

lationen wie ‚Megacities' eigentlich kulturell auszeichnet. Die Menge an Angeboten? Eine Verdichtung von Realität?

Deshalb noch einmal zur Ausgangsfrage zurück: Was ist also Besonderes an der Bestimmung, Kultur basiere auf Austausch?[19] Reicht es, die jeweilige Perspektive zu kennzeichnen? Reicht es, das Verhältnis zur Ökonomie anzugeben? Sollten auch noch die Beziehungen zur Politik thematisiert werden? Was also soll man in den Mittelpunkt der Auseinandersetzung rücken? Den Vorgang selbst oder dessen Auswirkungen?
Wenn eine Beeinflussung von Kultur und Warenhandel, von Kunst und Ökonomie nicht von der Hand zu weisen ist, heißt dies nicht auch zwangsläufig, dass Kulturen genauso exportiert und importiert werden wie Waren?
Ist nicht gerade die zeitgenössische Kunst zunehmend auf Regeln des Kunstmarktes fixiert?[20] *Dass das so ist, hat eine lange Vorgesichte, denn Kunstwerke waren immer auch Waren sowie Kunst selbst eine Affinität zum Geld hat. Nur darf man an dieser Stelle nicht übersehen, dass es eine Logik der Autonomie gibt, die sich hier zugespitzt hat. Denn dadurch, dass Künstler direkt für den Markt produzieren, ‚ersparen' sie sich den Umweg der künstlerischen Wertschätzung durch die Kunstöffentlichkeit, gegenüber den Ritualen der Ausstellungskunst und finden ihren Weg direkt zum Käufer bzw. Sammler, mitunter sogar ohne Zwischenstop bei einer Galerie. Wenn Kunst nicht mehr Ausstellungs-, sondern Marktkunst ist, bleibt den ‚avantgardistischen' Museen bzw. Kultureinrichtungen nichts anderes übrig, als noch schneller als der Markt bzw. die Börse zu sein.*[21]
Ist es deshalb banal zu sagen, dass Kultur und Ökonomie ein Verhältnis beschreiben, das von den abstrakten Kreisläufen (des Geldes) diktiert wird? Teilen beide das gleiche Verständnis von Austausch? Zweifellos. Im Groben stimmen die Zuordnungen und Einschätzungen allemal, im Einzelnen wird es diffiziler.[22]

---

19 Peter Burke listet eine Reihe von englischen Begriffen auf, die für (kulturellen) Austausch verwendet werden: „Zu acculturation und transculturation sind enculturation, inculturation und interculturation hinzugetreten. Ebenso finden wir appropriation, domestication, reception, negotioation, transfer, translation, resistance, indigenisation, syncretism, hybridisation, creolization und zahlreiche weitere Bezeichnungen vor."
Peter Burke: Kultureller Austausch, 1. Aufl., Frankfurt am Main: Suhrkamp Verlag 2000, S.14 (Erbschaft unserer Zeit, Vorträge über den Wissensstand der Epoche, Band 8)

20 Marketingstrategen wie der amerikanische Künstler Jeff Koons haben das bereits in den 80er Jahren vorgemacht.

21 Das überkommene Verständnis von Avantgarde schrumpft damit auf Zeiteffizienz, auf unmittelbar lancierte Präsens.

22 Lüsebrink hat interkulturelle Prozesse bezogen auf den „Transport" von Artefakten untersucht und hierbei die zeitliche Anpassung und Umformung als Asymmetrien (zeitlich, räumlich-geografisch und mehrdimensional) kenntlich gemacht. Ausschlussreich sind seine „Strukturelemente des Kulturtransfers". Diese werden in drei Prozessen gegliedert:
1. Selektionsprozesse (Quantität, Qualität);
2. Vermittlungsprozesse (institutionell, medial, individuell);

Die These lautet von daher: Kultur ist als Summe betrachtet ein symbolischer Wert, der selbst nicht ‚ausgetauscht' werden kann.

Durchmischung

Da Kulturen sich gegenseitig beeinflussen, scheint eine isolierende Betrachtung einzelner Kulturen wenig sinnvoll. Denn betrachtet man Kulturen sozusagen als Mischgefäße mit Anteilen diverser Einflüsse, gelangt man zu keinem befriedigenden Strukturbild. Zwar erlaubt das Bild der Durchmischung von Kulturen, die Dynamik im Geben und Nehmen hervorzuheben, bietet jedoch gegenüber älteren Periodisierungen, Strukturmustern und Formalisierungen, wie man sie beispielsweise aus der Kunstgeschichte kennt, keine wirkliche Alternative.[23] Die Aufgabe liegt darin, den dynamischen Prozess des Austausches begrifflich zu fassen. Differenzierungen im Binnenbereich einzelner Kulturen, möchte man gern vom ‚Gemisch' hybrider Kulturen trennen. Betrachtet man Kulturen insgesamt, tritt – widersprüchlicher Weise – ein vereinheitlichendes Strukturbild zu Tage. Die Metapher des ‚Cocktails' als eines einheitsstiftenden ‚Mischgefäßes' scheint zwar der Komplexität heutiger Kulturen und deren Verhältnis zur Tradition nahe zu kommen, kann jedoch eine erst noch zu entfaltende Beschreibung nicht ersetzen. Dennoch ist der ‚alchimistische' Impuls, eine Idealmischung zu suchen, äußerst anregend.[24] Er kann dazu beitragen, aktuelle Tendenzen im Austausch der Kulturen deutlicher hervortreten zu lassen, ohne darüber hinweg zu täuschen, dass kultureller Austausch auf vielen Ebenen erfolgt.[25]

---

3. Rezeptionsprozesse (Übertragung, produktive Rezeption, Nachahmung, kulturelle Adaption, Kommentarform). Lüsebrink hat hierbei den ‚Austausch in einer Richtung' im Auge, d.h. von einer Ausgangskultur transferieren Artefakte in die Zielkultur.

Vgl. Hans-Jürgen Lüsebrink: Interkulturelle Kommunikation. Interaktion Fremdwahrnehmung, Kulturtransfer, Stuttgart: Metzler Verlag 2005, S.131f.

23 Vgl. Homi K. Bhabha: Die Verortung der Kultur, Tübingen: Stauffenburg Verlag 2000

24 Homi K. Bhabha: Das Zwischen der Kultur, in: Katalog Graz: Inklusion : Exklusion: Versuch einer neuen Kartografie der Kunst im Zeitalter von Postkolonialismus und globaler Migration, hg. von Peter Weibel, steirischer herbst 96, Köln: DuMont Buchverlag 1997, S.68-73

25 Im Kontext der Mondialisierungen stellt sich der interkulturelle Dialog als eine Notwendigkeit heraus, da er die Fähigkeit jeder Kultur auf die Probe stellt, sich Lebensformen anzubieten, an der alle – die Mitglieder dieser Kultur wie die andere – teilhaben können. Er muss sich dabei vor allem des universitären Dialoges zwischen den Kulturen bedienen. Dieser universitäre Diskurs ist nämlich nicht irgendeine Möglichkeit für eine Kultur, sich zum Ausdruck zu bringen: Er ist die Instanz, mittels derer diese Kultur sich ein kritisches Bewusstsein in ihren eigenen Grenzen schafft, die ihr Verständnis anderer Kulturen beschränken.
Jacques Poulain: Mondialisierungen als philosophisches Experiment. Kulturelle Diversität und transkultureller Dialog, in: Jens Badura (Hg.): Mondialisierungen. „Globalisierung im Lichte transdisziplinärer Reflexionen, Bielefeld: transcript Verlag 2006, S.149

Außerdem darf man nicht übersehen, das Hybridität[26] zwei Aspekte vereint. Der eine bezieht sich auf die Durchmischung, der andere umschreibt Übertragungen, Übersetzungen und Doppelungen wie sie bei Migrationskulturen beobachtet werden können. Hier setzt auch Homi Bhabha an, indem er in Migrationskulturen ein kulturelles Potential erkennt, welches in den allgemeinen kulturellen Prozess stimulierend und gestalterisch eingreifen kann. Das ist nicht von der Hand zu weisen, aber man fragt sich, was zur Hoffnung auf eine funktionale Selbstregulierung von Kulturen untereinander berechtigt. Ausgleich von Ungleichheit? Reduzierung von Ungenügen durch Stimulanz? Als gute Tat des Systems? Ist eine solche Hoffnung nicht naiv?
Wenn es so wäre, so ist damit ein Glaube verbunden, dass herrschende kulturelle Formen sozusagen vernünftig sind und durch z.B. subversive Entgegensetzung korrigiert werden können bzw. dies auch über die Köpfe der Teilnehmenden tun. Für eine realistische Weltsicht dagegen stellt sich das anders dar. Dass, was ist, wird als real anerkannt. So ist es. Dennoch läßt sich dem realistischen Standpunkt wiederum entgegenhalten, dass diese Anerkennung und Ergebenheit ebenfalls naiv ist, weil sie auf unangestrengte Zustimmung zu herrschenden Vorgängen beruht. Problematisch ist der Glaube an eine vernünftige, realistische Regulierung gesellschaftlicher Vorgänge deshalb, weil hiermit Alternativen als Regelgröße in den gesamten kulturellen Prozess integriert werden. Sie gehören somit dem Kreislauf einer scheinbar vernünftigen Selbstregulierung und Selbsterhaltung des Systems Kultur an. Der kritische Hebel kann deshalb nur über den Glauben in die unterstellte Vernünftigkeit, die ja paradoxerweise auch die Unvernünftigkeit der Realität einschließt, ansetzen.

Man kann versuchen, kulturelle Prozesse nachzuzeichnen und dabei offenlegen, warum diese meist sehr einseitig verlaufen.[27] Wenn Kulturen auf Austauschprozessen beruhen, ist auch die Frage, ob man nicht ganz von historischen Bedingungen abstrahieren sollte. Der Frage liegt der Gedanke einer überhistorischen Komponente in nichtlinearen Strukturen und Mustern zugrunde. Dazu gibt es seit Aby Warburgs interkulturellen Untersuchungen auch Belege, die neben den historisch nachhaltbaren Prozessen überhistorische Bezugsfelder setzen. In solchen Bezugsfeldern (Ordnungstafeln)[28] lassen sich z.B. transkulturelle Formenmuster feststellen.[29]

---

26 Siehe dazu auch Melanie Puff: Postmoderne & Hybridkultur, Wien: Passagen Verlag 2004, S.59f.

27 Edward W. Said: Orientalism, New York: Vintage Books 1978, S.3f.

28 Siehe Birgit Schneider: Diagramm und bildtextile Ordnung in: Bildwelten des Wissens, Diagramme und bildtextliche Ordnungen, Kunsthistorisches Jahrbuch für Bildkritik, Bd. 3,1. , hg. von Bredekamp, Horst; Werner, Gabriele. Akademie Verlag. Berlin 2005, S. 9f.

29 Siehe Aby M. Warburg: Schlangenritual. Ein Reisebericht. Mit einem Nachwort von Ulrich Raulff, Berlin: Wagenbach Verlag 1996, S.52ff.

Weiterhin zielt die Frage auf eine informelle Struktur transkultureller Prozesse.[30] Dadurch, dass der kulturelle Austausch durch Überlagerungen, Zerstörungen und Neufindungen bedingt ist, kann es keine reine, ungemischte Kultur geben. Dem scheint nichts entgegen zu setzen zu sein. Man möchte unwidersprochen zustimmen. Methodische Untersuchungen zum Austausch von Kulturen zeigen, dass nur eine zuverlässige Grenzziehung oder völlige Abschottung wie etwa eine Mauer davor schützen könnte, Beeinflussung durch andere abzuwehren.[31] Solche Abschirmungen (inzestuöse Kulturräume) sind jedoch nicht von Dauer. Die Grenzen von Kultur liegen immer woanders als man vermutet; sie sind bereits in den Zugangsbedingungen zu finden, die z.B. ausgebildete Bevölkerungsgruppen ein- und bildungsarme ausschließen. Das ist ein weltweites Phänomen und ein Problem, welches jeweils spezifische kulturpolitische, gesellschaftliche Ursachen hat. Inhaltlich liegen die Grenzen im Stand der kursierenden Ideen und Wertschätzungen, die einer alle Kulturen übergreifenden Kritik bedürfen, insbesondere eine Kritik kulturell basierter Werteideologien: Es ist zugegeben nicht einfach, die sich gegenwärtig lokal und global formierenden gesellschaftlichen und technischen Standards richtig einzuordnen, sie auch von reaktivierbaren Formen kultureller Bildung und sozialen Möglichkeiten konstruktiv zu trennen und damit richtig zu unterscheiden. Leichter fällt es, Standards als Anpassungsleistungen ‚diktatorischer' Demokratien zu diskreditieren, in ihnen die Gleichschaltung durch die Massenmedien zu erkennen. *Wer* aber beherrscht *Wen* durch *Was*? Das ist die große Frage. Sie basiert auf einer generellen Perspektive. Bricht man sie auf das hier diskutierte Problem herunter, verschieben sich die Relationen und man erkennt die partielle Einbezogenheit in den herrschenden Informationsverläufen und dem eigenen Bildungsstand. Vielleicht weist eine solche kulturelle, asymmetrische Arbeit über die gegenwärtige Praxis auf die Utopie einer kritischen Selbstkontrolle hinaus. Von daher gehen alle Reformulierungen und Reaktivierungen zur Bildung und zum Dialog ein Risiko der Selbstüberschätzung ein.

Wird demgegenüber eine grenzüberschreitende Politik des Austausches verfolgt, verlängert sich der jeweils eigene Anspruch kultureller Interessen und wird auf andere über- bzw. mit den Widerständen anderer ausgetragen. Neoliberalistische Ansätze, wie sie gegenwärtig in Amerika und England favorisiert werden, münden in einen offenen oder verdeckten imperialen Anspruch grenzüberschreitender Offenheit, der bezogen auf

---

30 Im Unterschied zu den hier vorgenommenen Überlegungen, setzt Byung-Chul auf die im Mediendiskurs ‚bewährte' Metapher der Überbietung: „Nicht das Trans, nicht das Multi oder Inter, sondern das *Hyper* kennzeichnet die kulturelle Verfassung von heute. Die Kulturen, *zwischen* denen ein Inter oder Trans stattfände, werden ent-grenzt, ent-ortet, ent-fernt zur Hyper-Kultur."
Han Byung-Chul: Hyperkulturalität, Berlin: Merve Verlag 2005, S.59

31 Die Berliner Mauer und der Eiserne Vorhang ...

den Weltmarkt prinzipiell zu funktionieren scheint.[32] Man kann die Schwäche des Neo-Liberalismus dort erkennen, wo er eigentlich stark sein will: In der Übertragung von Eigenverantwortung auf Einzelne. Spielt man diesen Gedanken zugunsten des Neoliberalismus einmal durch, so lässt sich folgende Abwägung vornehmen: Positiv könnte an dem Neoliberalismus sein, dass die Delegation von Befugnissen tendenziell abgebaut werden soll. Soweit kann man mit dem Neo-Liberalismus übereinstimmen, weil dadurch z.B. die repräsentative Fassaden-Demokratie in Frage gestellt würde. Nun muss man aber Folgendes hierbei berücksichtigen. Liberale Selbstständigkeit baut sozusagen auf ein Desaster des Ungenügens. Wenn allerdings viele Einzelne Eigenverantwortung zeigen, ist das zugleich ein Gewinn des Gemeinschaftskörpers, wie bei den Sängern eines Chors oder den Schreibern von Weblogs. Eine solche ‚List' über die Köpfe der Handelnden hinweg dürfte nicht im Sinne des Neo-Liberalismus sein. Zu bedenken ist weiterhin, dass marktwirtschaftliche Eigenverantwortung Bedingungen voraussetzt, die nicht jeder erfüllen kann oder will, bzw. Eigenverantwortung nur eine Ausrede ist, eigenständig Interessen auf Kosten anderer durchzusetzen. War zum Beispiel das intellektuell künstlerische Selbstverständnis von Pier Paolo Pasolini in den 60er und 70er Jahren durch eine Übertragung von kreativen Kompetenzen auf soziale Unterschichten, die in der Bildungsversorgung schlechter abgeschnitten haben, geprägt, so ist heute die technische Kompetenz von Kulturvermittlern, die durch ihren Bildungsvorsprung sich gegenüber anderen abheben und Karriere machen, nur Selbstversorgung und Selbstdurchsetzung innerhalb eines Systems, in dem ein solches Vorgehen rituell zementiert ist. Dass das intellektuell ‚gute' Handeln à la Pasolini auch problematisch ist, darf natürlich hierbei nicht unterschlagen werden.[33]

Negativ ist das ‚neoliberale' Verständnis von Eigenverantwortung deshalb, weil es per Voraussetzung Mittel und Wege sucht, andere unter Druck zu setzen. Eigenverantwortung ist im liberalistischen Wirtschaftsmodell nur ein Vorwand, die Willkür der Selbstständigkeit gewähren zu lassen. Man sollte sich da nichts vormachen lassen und eingestehen, dass die Zerschlagung der Familienbande auch durch neue soziale Zweckgemeinschaften und Bündnisse für das profitable Zusammenleben wie Wohngemeinschaften und Jobsharing keine wirklichen Alternativen darstellen, genauso wenig wie die globale Aufweichung von Staatsmonopolen nur das Phantasma von Nationalität als Klammerbegriffe der Tradition heraufbeschworen hat. Dass demokratische Instanzen im Kleinen und im Großen hiervon lernen können, ist zu vermuten, setzt einen Erwartungsoptimismus frei und zeigt sprachlich anders gewendet in Richtung einer konkre-

---

32 Siehe Michael Hardt; Antonio Negri: Empire. Die neue Weltordnung, Frankfurt am Main, New York: Campus Verlag 2002, S.51f.

33 Intellektuelle Selbstkritik und das Scheitern der Linken als Vermittlungsideologen lauten an dieser Stelle die Stichworte.

ten Utopie, in der eine *soziale Form*[34] auf kultureller, ökonomischer und politischer Ebene an gestalterischen Einfluss gewinnen könnte. Doch vorerst geht die den Markt beherrschende Strategie der Gerissenheit und der Zerrissenheit respektive Erwartungsenttäuschung auf: Furcht und Angst machen sich breit, denn die tatsächliche Besorgnis vor mangelnder sozialer Absicherung und die allgemeine Angst vor existenziellen Nöten schlagen in Verunsicherungen und Hilflosigkeit bzw. Orientierungslosigkeit um. Dass diese wiederum durch demokratische Grundlagen und den Wertekonsens von Volksgemeinschaften kompensiert werden sollen, entbehrt nicht der Ironie: Wo etwas von anderen hernehmen, wenn jeder für sich alles beizubringen hat?

Bleibt man nicht bei dem kritischen Befund stehen, stellt sich unvermeidlich die Frage, wie der soziale Zusammenhalt anders zu regeln sei. Eine Antwort darauf zu liefern, haben auf ihre Weise Antonio Negri,[35] Giorgio Agamben[36] und Paolo Virno[37] versucht.
Da Normalkultur in den alltäglichen Aktionsfeldern der Leute passiert, ist hier eine ausführlichere Beschäftigung mit dem Begriff der Multitude aufschlußreich, ist doch unter Multitude ein offenes Netzwerk zu verstehen, in dem Gruppen und Einzelne ohne verbindliche Absprachen gemeinsam handeln können. Vor allem Paolo Virno hat Bausteine für eine Definition der Multitude als politische Form vorangebracht, die in ihrer Kombination ergiebiger sind als die der anderen. Deshalb sollen seine Ideen im Folgenden ausführlicher behandelt werden.

Wie seine italienischen Kollegen greift Virno auf die Idee der politischen Einheit von Gemeinschaften im 17. Jahrhundert zurück, die Thomas Hobbes im Volkskörper und Spinoza in der *multitudo* festmacht. Dass Hobbes der Aufsplitterung des Volkskörpers – vor allem dem Bürgerkriegszustand – einen Riegel vorschieben wollte, ist verständlich und konnte sich durchsetzen, während Spinozas *multitudo* als scheinbar instabile und unzuverlässige Figur sich zusammenschließender Gemeinschaften auf der Strecke blieb. Fortan stand das Volk (seit dem 19. Jh. in Verbund mit der territorialen Einheit der Nation, heute als nationsanteilige Mehrheiten) im Vordergrund. „Meiner Meinung nach stellt der Begriff der ‚Multitude', der dem bislang vertrauten Begriff des ‚Volks' entgegen zu setzen

---

34 In der *sozialen Form* kommt ein gesellschaftliches Design zum Ausdruck, wie vergleichsweise in der *guten Form* der Ware.

35 Siehe Michael Hardt; Antonio Negri: Multitude. Krieg und Demokratie im Empire, Frankfurt am Main, New York: Campus Verlag 2004

36 Siehe Giorgio Agamben: Profanierungen, Frankfurt am Main: Suhrkamp Verlag 2005
Siehe auch ders.: Ausnahmezustand, Frankfurt am Main: Suhrkamp Verlag 2004

37 Paolo Virno: Grammatik der Multitude. Öffentlichkeit, Intellekt und Arbeit als Lebensformen. Mit einem Anhang: Die Engel und der General Intellect. Individuation bei Duns Scotus und Gilbert Simondon, Wien: Verlag Turia + Kant 2005

ist, ein entscheidendes Instrument für jedwede Reflexion über die gegenwärtigen Formen der Öffentlichkeit dar."[38] Virno konturiert den Begriff der Multitudo wie folgt: „Auch die Vielen brauchen eine Form der Einheit, ein *Eines*: die Einheit jedoch, und hier liegt der Unterschied, ist nicht mehr der Staat, sondern die Sprache, der Intellekt, die den Menschen gemeinsamen Vermögen."[39] Gleichwohl ist der Boden dieser Vielen nicht stabil, sondern schwankend, er ist fundamental ungewiss, keine Bleibe, die ohne Angst und Sorge ums Dasein, ohne Zuflucht in Geborgenheit zu haben ist, wie Paolo Virno mit Bezug auf Heidegger und mit Bezug auf das „Unheimliche" bei Freud diskutiert.[40] Virnos begriffliches Konstrukt unterlegt dem Zusammenhalt der Vielen ein ‚intellektuelles' Potential. Dieses gemeinschaftliche Potential gewinnt Virno, indem er den „General Intellect" von Karl Marx reformuliert. Ob man Virno zustimmt oder seine historische Konstruktion der Multitude ablehnt – unbestreitbar ist, dass seine begrifflichen Bezugsketten klar und innovativ sind:
Mit gelehrtem Bezug auf Hannah Arendt, Karl Marx u. a. entwickelt er, dass die Multitude eine virtuose Sprache ohne konkretes Werk spricht. In ihr dominiere „die konkrete Aneignung und Neuformulierung des Wissens und Könnens, das heute (noch) in den administrativen Staatsapparaten begraben ist."[41] Und an anderer Stelle heißt es: „Die heutige Multitude hat als Voraussetzung ein ‚Eines', das nicht weniger universell ist: den öffentlichen Intellekt, die Sprache, die ‚Gemeinplätze' (man denke hier z.B. ans World Wide Web ...)."[42]

Aus begrifflichen Anleihen konstruiert Paolo Virno einen Analyseblock, in dem Handeln, Arbeit und Intellekt eine logische Figur des gegenwärtigen gesellschaftlichen Zustandes, der bei Virno das „postfordistische Zeitalter" heißt, ergeben. Überzeugend erscheint hieran sein sprachphilosophischer Ansatz, der auf eine mitteilungsfähige, allgemeine Sprechfähigkeit der Multitude zielt: einem Geplapper der Vielen oder ‚Gerede' des ‚Man' bezogen auf Heidegger, das Virno u. a. aufgreift und mit Benjamin kombiniert ‚ins Positive' wendet. Woher bezieht die Multitude ihre rumorende Kompetenz und wohin zielen ihre zersplitternden Aussagen? Anhand des „General Intellect" modifiziert Virno eine Art sozialer- oder besser, politikfähiger Antenne, die er „Partitur" nennt, um dadurch die festen Grenzen eines Herstellungsprozesses, eines Produktes als Werk, zu unterlaufen, also Arbeit und Nichtarbeit gleichermaßen performativ – und das heißt, mit zerstreut fesselnder Aufmerksamkeit – zu bestimmen.

---

38 Ebda., S.25
39 Ebda., S.31
40 Ebda., siehe zu dem Unheimlichen bei Freud S.51 und zu dem Gerede und der Neugier bei Heidegger S.125
41 Ebda., S.55
42 Ebda., S.56

Paolo Virnos Überlegungen regen eine Fortführung bzw. Übertragung auf eine erst in ihren Umrissen sich abzeichnende ‚Reformulierung' von Kultur und Kunst als ‚Bildung' und ‚Dialog' an, die in dem vorangegangenen Kapitel bereits angesprochen wurde. In Abgrenzung zu dem hier verwendeten Begriff von ‚Reformulierung' möchte ich eine postmoderne ‚Wiederaneignung' von Geschichte(n) durch ‚Reenactment' (Nachspielen) in der zeitgenössischen bildenden Kunst anführen.[43] Für diesen Ansatz spricht, dass eine solche ‚Reformulierung' der Kunstpraxis ein Erprobungsfeld eröffnet, in dem politische Konflikte distanziert nacherlebt und möglicherweise auf eine neue Weise bewältigt werden können. Mir scheint jedoch, dass diese Form der distanzierten Wiederaneignung eher eine Nebenrolle in der ‚Reformulierung' von Kunstpraxen spielt. Jede ‚Reformulierung' von Kunstpraxen ist legitim, egal mit welcher Methode sie erreicht wird. Zentral ist die Sprechfähigkeit von Kultur und Kunst, die uns an dieser Stelle zunächst einmal zu der These veranlasst: Da Kultur auf Austausch basiert, erfolgt Austausch durch den Tausch von Sprachen, Bildern, Codes und Begriffssettings. Man muss auf die Sprache der Sprechenden wieder hören oder umgekehrt, die Sprechenden müssen hören, was sie zu sagen haben, wenn sie ‚durch die Gegend' reden. Suspendiert ist hierbei die Frage der Seriosität und die der Qualität im althergebrachten Sinne, solange dies dazu dient, die Hierarchie der Entscheidungen, die Macht der Bewertung und den intellektuellen Profit aus den Angeln zu heben. Aus der Sicht der Dinge ‚spricht' triste Realität – beschwörend schön noch in der Sprache von Jean Baudrillard.[44] Nach dem Schlaf der Vernunft, also nach deren erneutem Einnicken in der Postmoderne,[45] scheint die ‚Vernunft' im postfordistischen Zeitalter ihren Geist völlig aufgegeben zu haben, und sie spielt verrückt: Eine solche Verflachung will so gar nicht ins europäisch tradierte Bild kritischer Widerständigkeit passen. Wäre Kritik nicht an der Herausforderung zu messen, einen Weg aufzuzeigen, aus dem Schlamassel – der Austauschbarkeit aller Werte, wie Baudrillard schon früh bemerkte[46] – herauszukommen? Die kritische Instanz jedoch ist auf die Multitude als Agens kopflos übergegangen. Stimmt das? Jedem ‚vernünftigen' Zeitgenossen wird unbehaglich, unheimlich dabei, aber möglicher-

---

43 Vgl. den Katalogbeitrag von Inke Arns: History Will Repeat Itself, in: KATALOG Berlin: History Will Repeat Itself. Strategien des Reenactment in der zeitgenössischen (Medien)Kunst und Performance, hg. von Inke Arns und Gabriele Horn, MedienKunstVerein, Dortmund und KW, Institute for Comtemporary Art Berlin, Berlin: 2007, S.58, 60

44 Vgl. Jean Baudrillard: Der symbolische Tausch und der Tod, 1. Aufl., München: Matthes & Seitz Verlag 1982, S.119

45 Veit Loers schreibt: „Das falsche Rollenspiel und die Uneindeutigkeit, die die Kunst heute betreiben, könnten als innere Leere und Glätte bemängelt werden. Sie sind aber die richtige Antwort auf eine falsche Erwartungshaltung."
Veit Loers: Schlaf der Vernunft, in: Katalog Kassel: Schlaf der Vernunft, hg. von Veit Loers, documenta und Museum Fridericianum Veranstaltungs-GmbH, Kassel: 1988, S.187

46 Vgl. Jean Baudrillard: Der symbolische Tausch und der Tod, 1. Aufl., München: Matthes & Seitz Verlag 1982, S.137

weise nicht allen, denn zu viele könnten sich bereits ganz behaglich in (kulturellen) Versorgungsleistungen eingerichtet haben.

Identität

Noch stehen Unsicherheiten und Verunsicherungen den Selbstsicherheiten und ungeahnten Entwicklungsversprechen gegenüber, wenn jeder Einzelne sein persönliches Profil reflektiert und wenn jeder Einzelne seine Zugehörigkeit zu Gruppen abwägt.

In den nachfolgenden Überlegungen geht es darum, die kleinste Instanz aller Austauschverhältnisse zu diskutieren. Wenn wir die Konstruktion der Person, die Instanz des Ich und die damit verbundene Frage nach den Selbstbildern erörtern, haben wir es mit einer Reihe von Schwierigkeiten zu tun. Wir können hier die Probleme nur aufzeigen, maßen uns also nicht an, sie lösen zu wollen. Damit ist nicht allein der hohe Anspruch gemeint, der sich mit Fragen nach der Person, dem Ich und der Identität auftut. Wir möchten einen Zugang zu diesen Fragen eröffnen und versprechen uns in der Durchführung nachvollziehbare Fortschritte, wenn wir die Schwierigkeiten systematisch abbauen. Deshalb gehen wir in der Analyse auch stufenweise voran. Das heißt, wir beginnen beim Selbstbild, so wie es sich gegenwärtig als alltägliche Herausforderung darstellt. In einem nächsten Schritt werden begriffsgeschichtliche Voraussetzungen eingebracht, um darauf hinzulenken, dass Selbstbilder und Identitäten kulturell und historisch bedingt sind. Schließlich führt uns die Beschäftigung mit der kleinsten Instanz aller Austauschverhältnisse auf die aktuelle Debatte zurück. Wir werden dabei ein Modell vorschlagen, das den Ich-Instanzen einen individuellen Kern mit einer fließenden Umgebung zuspricht.

Wozu braucht man eigentlich noch Identität? Das Festhalten an und die Suche nach Selbstbildern, die der Vorstellung von Identität des Einzelnen entsprechen, hängen zunächst einmal von der Frage ab, ob Identität vorgegeben ist, ob sie gemacht wird. Ohne viel nachzudenken, neigen wir heute zu der Auffassung, dass Selbstbilder konstruiert werden, wissen oft auch, dass wir dabei Prämissen benutzen, die Identität als einen unverrückbaren Bestandteil einer Person bzw. Individuum zugrunde legen. Identität wäre zunächst einmal eine Art Garantie dafür, dass genau diese und keine andere Person gemeint ist. Um sich in der Identitätsdiskussion zurechtzufinden, kommt man nicht umhin, sowohl die ontologische als auch die handlungsorientierte Konstruktion von Identität zu hinterfragen. Eine Kritik an der Vorstellung des persönlich gemachten, individuell hergestellten Persönlichkeitsbildes ist also nur ein Aspekt einer viel umfassenderen Auseinandersetzung mit Identität, die sich historischen und aktuellen Modellen der Identitätskonstruktion stellen muss. Das kann hier nur ansatzweise geschehen.

Wenn wir zwischen dem tatsächlichen und vorgestellten Selbstbild einerseits und der Selbstständigkeit zu handeln und zu denken andererseits unterscheiden, kann man besser verstehen, wie Unsicherheit und Sicherheit im Selbstbild und im Handeln heute auseinander klaffen. Ist ein fest gefügtes Selbstbild zwischen Selbstverortung und Selbstinszenierung überhaupt noch nötig? Ja, als Entwurf bzw. Projektion. So die prompte Antwort.

Um sich kulturell einzuordnen oder sozial abzugrenzen werden Persönlichkeitsbilder gesucht, benutzt und entworfen, die vielschichtig, die multipel[47] sind. Identität, sei es persönliche, kulturelle oder soziale steht auf dem Plan der Selbstsuche und der Selbstabgrenzung.[48] Dennoch will sich die Vielfältigkeit in der Erfahrung und den Kenntnissen gegenwärtig keinem geschlossenen Bild mehr fügen. Warum das so ist, liegt auf der Hand: Jeder möchte seine Einzigartigkeit und Einmaligkeit im Persönlichkeitsverständnis selbst und im Verständnis mit oder gegen andere erreichen. Gleichzeitig aber will jeder so sein, wie alle anderen auch.
Jeder möchte eine uniforme Übereinstimmung, niemand möchte mehr eine eintönige Zugehörigkeit.[49]
Identität - so wie dieser Begriff durch die Tradition überliefert ist - ist höchst problematisch. Dennoch ist Identität wichtig, aber es sollte ein Verständnis von Identität sein, das unserer Zeit gemäß ist.[50] Deshalb gehen wir von einer variablen und komplexen Identität aus. Wie ist diese beschaffen?

Gehen wir einmal davon aus, dass Identität eine begriffslogische Komponente hat. Demnach unterscheiden wir zwischen einem Ich und dem Nicht-Ich, um eine Gewähr dafür zu haben, was ‚ich' bin und was nicht. Diese begriffliche Trennung wurde in der westlichen Denktradition erforderlich, damit eine Übereinstimmung des Ichs mit seinem Sitz im Bewusstsein zustande kommen konnte. Jedes ‚Ich' möchte sichergehen, ‚ich' zu sein, dass heißt ‚mir' selbst gleich zu sein und ‚ich' bin es der spricht, zu sagen. Ansonsten wäre ‚ich' ein anderer. Also möchte ‚ich' ausschließen, mit jemandem anderen verwechselt zu werden. Es muss einen Test geben, der begriffslogisch die Übereinstimmung mit sich selbst klärt und

---

47 Multiple Persönlichkeiten sind gängige Kalküle für alle möglichen Arten von Lebensentwürfen, so wie auch die medial geformten Versatzstücke, die das Publikum, tagein-tagaus managen und massieren.

48 Man sollte dies von der Selbsterfindung und medialer Selbsterhöhung unterscheiden, wie es in der Popkultur „Madonna" und „Prince" lanciert haben.

49 Konnte man mit Adorno noch, wenn es um das Reizwort Affirmation ging, „schrecklich" und mit Warhol „prima" ausrufen, so hat sich die Schärfe dieser Entgegensetzung heutzutage von selbst erledigt.

50 Vgl. Rolf Eickelpasch; Claudia Radermacher: Identität, Bielefeld: transcript Verlag 2004, S.5

damit für alle Individuen eine Verwechslung mit etwas anderem ausschließt. Die Formel der Selbst-Übereinstimmung, in der jedes ‚Ich' sich gegenüber anderen ‚Ichs' abgrenzt, ist tautologisch: ‚Ich' ist ‚Ich', ‚ich' sage ich und meine ausschließlich ‚mich'. In dieser begriffslogischen Konstruktion ist mit eingeschlossen, dass jedes ‚Ich' ein Bewusstsein vom ‚Ich', dem ‚Nicht-Ich' und den anderen ‚Ichs' hat.[51] Sonst gäbe es auch kein persönliches Bewusstsein. Jedes Bewusstsein hat ‚sein' eigenes Ich. Obwohl in den westlichen Kulturen eigentlich alle ‚ich' meinen, wenn sie ‚ich sage' formulieren oder als Ich selbstbewusst handeln, ist dennoch ein Jeder davon überzeugt, er sei es, der das unverwechselbar sagt und tut, im Unterschied zu allen anderen, die möglicherweise gerade das gleiche tun.

Löst man sich einmal von dieser begriffslogischen Struktur, ist es möglich, gegenwärtige Bestimmungen des ‚Ichs' hinzuzunehmen und zu diskutieren. Schauen wir also, ob wir dem überlieferten Modell der Ich-Bezogenheit, der Ich-Findung und der Ich-Suche eine zeitgemäße Konstruktion der Identitätsbildung gegenüberstellen können.
Die Stichworte dazu hat Niklas Luhmann geliefert: „Seit dem 18. Jahrhundert wird jedoch zunehmend deutlich, daß das Problem in der Beobachtung von Beobachtern und nicht nur: in der irgendwie zur Einheit aggregierbaren Mehrzahl von Subjekten liegt. (...) Wir fragen nicht, *was* etwas Identisches *ist*, sondern *wie* das *erzeugt wird*, was dem Beobachten als Identisches zu Grunde gelegt wird. Damit verschiebt sich der Begriff der Identität in eine Richtung, die heute als ‚konstruktivistisch' bezeichnet wird. Er bezeichnet nicht mehr die Form, in der Seiendes in Übereinstimmung mit sich selbst existiert, sondern zunächst ‚idealistisch' eine Leistung der Synthese von Eindrücken externer Herkunft, die als solche eben deshalb nicht mehr identifiziert werden können; und er bezeichnet schließlich im Kontext einer Theorie autopoietischer Systeme nur noch die Form, die das Kontinuieren der Operationsabfolge in einem System sichert, und zwar durch die Unterscheidung von identisch/nichtidentisch."[52]

Indem Luhmann wissen möchte, *wie* Identität sich bildet, verflüssigt er fest gefahrene Spekulationen über das Ich. Pragmatisch gesehen kommt man gar nicht umhin, sich die Vorteile der Sichtweise von Luhmann zu eigen zu machen. Bedenkt man jedoch, was man dabei tut, das heißt fügt man sich nicht gleich der tüchtigen, magischen Verzauberung durch einen vorzunehmenden Wechsel des Beobachterstandpunktes, kommt man nicht

[51] Dies ist sehr vereinfacht zusammengefasst der Ich-theoretische Ansatz der Identitätsphilosophie, wie sie Gottlieb Fichte entwickelt hat.

[52] Niklas Luhmann: Identität – was und wie?, in: Soziologische Aufklärung 5, Opladen: Westdeutscher Verlag 1990, S.20 und S.30

umhin das theoretische Defizit dieser funktionalen Anwendungspraxis zu benennen.

Noch einmal gefragt: Ist der Vorteil von systemtheoretischem bzw. konstruktivistisch geschlossenem Handeln durch irgendetwas anderes überbietbar? Allein diese Frage zu stellen, schließt schon Zweifel mit ein. Das konstruktivistische Bewusstseinsmodell ist sympathisch, weil alle Tätigkeiten des Lebewesens Mensch - wie das Lesen dieses Textes hier - Konstrukte des Hirns sind. Diese apparative Leistung des eingeschalteten Gehirns auf Lebenszeit mag imponieren, ist aber auch nur eine Beschreibung der Funktionstüchtigkeit des Bewusstseins.
Das ist zu berücksichtigen, wenn man die funktionstüchtige Identität von Identifikation unterscheidet. Warum spielen gerade in den angeblich ichstabilen und ich-autonomen westlichen Kulturen Vorbilder eine so große Rolle? Warum sind Vorbilder für Selbstbilder nötig? Warum identifizieren sich Individuen, die auf ihre eigene Identität wert legen, mag sie auch noch so hybrid sein, mit anderen Individuen? Offensichtlich deshalb, weil der Akt der Vermittlung das Medium ist, indem sich das Ich mit sich selbst oder etwas anderem identifiziert. Inwieweit jeder einzelne die Probleme erkennt, wie die, die durch die künstlich vermittelte Identifikation in den Massenmedien entstehen, ist fraglich.[53] Thesenhaft gewendet heißt das: Identität ist nichts weiter als das Management der Ein- und Zuordnung zu Gruppen bzw. das Sichwiederfinden in solchen Zusammenhängen von Kindheit an.

Anders als Luhmann überdenken Vilém Flusser und Robert Spaemann den ichbezogen Vorgang: Da ist einmal die Reformulierung des Ich, die Flusser in dem einprägsamen Bild vom Ich als „Stausee" entworfen, und da ist zum andern die begriffliche Einrahmung des Ichs als Person, die Spaemann geliefert hat.
Flusser schreibt: „Das ‚Ich' erweist sich als eine Art Spitze eines sich im Kollektiven auflösenden und von dort aus sich kristallisierenden Eisbergs. Es erweist sich als eine ideologische Reifikation von psychischen Prozessen. Außerdem wird deutlich, daß selbst auf der ‚bewußten' Ebene von einer definierbaren Identität nicht die Rede sein kann. Eher handelt es sich um eine intersubjektive Vernetzung, durch welche Informationen in ständigem Austausch hergestellt werden. Aus dieser Sicht ist das ‚Ich' als ein Stausee zu verstehen, in den Informationen fließen, dort verarbeitet und provisorisch gespeichert werden, um weitergegeben zu werden. Insofern

[53] Man denke nur an die medial wirksame Figur Arnold Schwarzeneggers oder gelehrter an Odysseus als geklonter Supermann für alle.
(Siehe zu „Odysseus oder Mythos und Aufklärung" auch:
Max Horkheimer; Theodor W. Adorno: Dialektik der Aufklärung, Frankfurt am Main: S. Fischer Verlag 1982, S.42f.)

erweist sich das ‚Ich' als ein sich ständig verschiebender Knoten eines intersubjektiven Gewebes, das einem kollektiven ‚unbewußten' psychischen Gewebe aufsitzt."[54]
Während Flusser das Ich als einen durchlässigen Behälter beschreibt,[55] unterscheidet Robert Spaemann sehr genau zwischen ‚etwas' und ‚jemand':
"Personen sind nicht etwas, was es gibt. Was es gibt, sind Dinge, Pflanzen, Tiere, Menschen. Dass Menschen mit allem, was es gibt, auf eine tiefere Weise verbunden sind als alles andere, was es gibt, untereinander verbunden ist, das heißt, dass sie Personen sind."[56]

Aufschlussreich ist, den Gedanken der Verwobenheit oder Verbundenheit bei Spaemann, der durch den Diskurs der Vernetzung eine technische Aktualität erhalten hat, mit dem der informativen Verknüpfung bei Flusser zu vergleichen. Beide setzen eine Konstruktion für Person oder Ich, die nicht per se vorliegt, sondern einen Prozess beschreibt, in dem die Grenzen dieser Konstruktionen offen und fließend sind.

Hieran anknüpfend möchte ich im Folgenden eine Orientierungsformel, die die ‚Verflüssigung' strukturbildlich umschreibt, aufstellen. Jedes Ich hat seinen Sitz im Bewusstsein. Dadurch gibt es ein Selbstbewusstsein. Jedes Individuum, jede Person erwirbt ein solches Selbstbewusstsein durch kulturelle Umstände, die das z. B. bildungstechnisch fördern. Wie aber ist ein solches Selbstbewusstsein strukturiert? Dazu folgende These: Jedes Selbstbewusstsein hat einen Kern und einen Rand. Der Kern ist geschlossen, der Rand ist offen. Nach dieser in Soziologie und Psychologie gebräuchlichen Unterscheidung ist das Selbst auf sich bezogen und operational offen. Der Kosmos lebender Individuen besteht sozusagen aus ebenso vielen unverwechselbaren Planeten, die einen harten Kern und einen weichen Rand haben. Der Vorteil einer solchen Bestimmung von Personen bzw. Individuen ist, dass die Konstruktion der Identität flexibler zustande kommt. Einerseits gibt es einen geschlossenen Persönlichkeitsmantel, einen stabilen, unveränderlichen Ich-Kern, in dem die persönliche Entwicklung und Erfahrungen stattfinden. Andererseits gibt es einen weichen Rand, der offen ist für Veränderungen, für sich wandelnde soziale Zuordnungen, für wechselnde Anbindungen an Gruppen und Gemeinschaften, aus denen sich Identität anteilsmäßig zusammensetzt, wie Amartya

---

54 Vilém Flusser: Schriften Bd. 3. Vom Subjekt zum Projekt, Menschwerdung, hg. von Stefan Bollmann und Edith Flusser, Düsseldorf: 1994, S.13f.

55 Gegenüber dem fortlaufenden Bewusstseinsstrom (‚Stream of Consciousness', William James) beschreibt der „Stausee" das durchlässige Verhältnis von Ich und Umwelt. Informationstechnisch ist Flussers Bild vom Ich als Haltestelle an dem Informationsfluss orientiert.

56 Robert Spaemann: Personen. Versuche über den Unterschied zwischen 'etwas' und 'jemand', 2. Aufl., Stuttgart: Klett-Cotta Verlag 1998, S.12

Sen betont, um die homogene Gleichsetzung einer Person mit nur einer einzigen Bindung bzw. Übereinstimmung als Identitätsfalle zu kritisieren.[57] Mit diesen beiden Seiten des Selbst, kommt man ein Stück in der Identitätskonstruktion voran. Das liegt daran, so ließe sich begründen, dass man nun sowohl das Einzelbewusstsein als auch Gruppen von Einzel-Bewusstsein deutlicher bestimmen kann. Der begriffslogische Gewinn besteht demzufolge darin, dass jedem Ich, jedem Individuum und jeder Person sowohl eine singuläre als auch multiple Identität zugesprochen werden kann. Man kann also zwischen einem personalen Selbst und einem sozialen Selbst trennen.[58] Jedes ‚Ich' ist ein geschlossener Kern, kann aber durch seinen weichen Rand Bindungen und Zuordnungen unterschiedlichster Art eingehen und dadurch komplexe Persönlichkeitsmuster aufbauen.

Ein Ich, viele Ichs

An dieser Stelle ist noch eine weitere Unterscheidung einzuführen: In der nach außen hin offenen Operationalität kann jedes Bewusstsein, jedes Ich gedrängt werden, Bindungen zu anderen ‚Ichs', zu anderen Personen einzugehen. Solche Bindungen ergeben Gemeinschaften, in der Individuen eine sozial und kulturell vermittelte Identität übernehmen. Es ist aber durchaus denkbar, dass die Zugehörigkeit auch freiwillig, d.h. aktiv vollzogen wird. Man kann diese beiden Aspekte der offenen Operationalität, über die jedes Individuum ‚verfügt', mit dem Begriffsverständnis der Tradition fassen. In den sozial und kulturell vernetzten Gemeinschaften, Teilgemeinschaften, Sub-Gemeinschaften etc., sind unbewusste und bewusste Zugehörigkeiten enthalten. Wer in der operationalen Identitätsbildung ‚seine' soziale sowie kulturelle Zugehörigkeit aktiv und reflektiert erwirbt, der verfügt auch über eine bewusste, offene Identität. Anders gesagt: Flexibilität und Komplexität in der Identitätskonstruktion verändern unser Verständnis davon, was Bewusstsein, Person und Ich ist. Beispiele dazu lassen sich in sozial kulturellen Gemeinschaften wie Hip-Hop, Hippie, Linkssein etc. anführen, d.h. man kann eine Brücke von den Indi-

---

57 „Im normalen Leben verstehen wir uns als Mitglieder einer Vielzahl von Gruppen, den allen wir angehören. Staatsangehörigkeit, Wohnort, geographische Herkunft, Geschlecht, Klassenzugehörigkeit, politische Ansichten, Beruf, Arbeit, Eßgewohnheiten, sportliche Interessen, Musikgeschmack, soziale Engagements usw. – das alles macht uns zu Mitgliedern einer Vielzahl von Gruppen. Jedes dieser Kollektive, dem ein Mensch gleichzeitig angehört, verleiht ihm eine bestimmte Identität. Keine seiner Identitäten darf als seine einzige Identität oder Zugehörigkeitskategorie verstanden werden." Dennoch könnte man auch einwenden: Warum darf man eigentlich nicht nur über eine einzige Zugehörigkeitskategorie verfügen? Ist das wirklich eine Falle?
Amartya Sen: Die Identitätsfalle. Warum es keinen Krieg der Kulturen gibt, München: C. H. Beck Verlag 2007, S.20

58 Das Individuelle ist James Bond im Alltag.

viduen zu vielen Individuen schlagen, eine Verbindung von Individuum und Multitude herstellen.[59]

Das Bild des anpassungsfähigen, elastischen Zeitgenossen entbehrt nicht der Komik: Der flexible Mensch ist in seiner flotten Geschmeidigkeit nur eine effiziente Ausgabe des getrimmten Übermenschen. Denn wie soll man die Bejahung der Flexibilität anders deuten, als ein Inszenierungsprogramm für den Einzelnen. Altpolitisch ließe sich kritisch einführen, dass die gesellschaftliche Gummiwand, sprich die ‚repressive Toleranz', nur gegen mentales Fitness (Gehirnjogging) ausgetauscht und auf den Einzelnen, der es für sein persönliches Outfit nutzt, verlagert worden ist. Somit entfällt die gesellschaftliche Gummiwand, die erst ein wenig nachgibt und dann unbeweglich ist und geht auf den Einzelnen sozusagen über, weil jeder sie selbst produziert oder sich davon im Verbund mit anderen abgrenzt. Die Logik der Selbstanpassung ist also ein vorgegebenes Programm, das der Einzelne im Verbund mit anderen durchschauen und gestalten kann.
Das ist nicht ohne kleine oder große Krisen zu haben, denn jede Veränderung ist auch eine Bewährung gegenüber einer Herausforderung und eine Erschütterung z.B. angesichts gewohnter Handlungsmuster. Oder anders gewendet: Krisen verlangen heutzutage Reformulierungen bekannter und bewährter Selbstkonzepte.

Ganz allgemein gesehen sind Zugehörigkeiten wandelbar, sie können wechseln wie Moden, zeigen aber auch an, wie operationale Zugehörigkeiten Dimensionen eröffnen, die eine große Herausforderung darstellen. Zu bedenken ist, ob die prinzipiell mögliche Dynamik wechselnder sozialkultureller Zugehörigkeit nicht überschätzt wird. Stichwort: Multividuum. Was könnte das sein? Wie viel an Zusammensetzung bin ‚ich'? Ein anderer als diese konkrete Person, die ich bin, sein zu müssen, wäre doch schrecklich. Denn die anderen kenne ich schon, jedenfalls so gut, dass keine Veranlassung bestünde, mit einem anderen zu tauschen. Daher ist die Angst vor Ichverlust oder vor Gehirnwäsche sehr groß, auch der eigenen.

Was wäre in diesem Zusammenhang von dem Künstler zu erwarten? Thomas Hirschhorn behauptet von sich, er sei ein Soldat.[60] Disziplin zu

---

59 Dazu schreibt Paolo Virno: „Die Multitude besteht aus einem Netz von *Individuen*, die Vielen sind die *Singularitäten*.
Entscheidend ist nun, diese Singularitäten als Endpunkt einer Entwicklung zu betrachten, nicht als Gegebenheit, von der man auszugehen habe; als Ergebnis eines *Individuationsprozesses*, nicht als solipsistische Atome. Eben weil sie das komplexe Resultat einer fortschreitenden Differenzierung darstellen, verlangen die Vielen nicht nach einer darüber hinausgehenden Einheit."
Paolo Virno: Grammatik der Multitude. Öffentlichkeit, Intellekt und Arbeit als Lebensformen. Mit einem Anhang: Die Engel und der General Intellect. Individuation bei Duns Scotus und Gilbert Simondon, Wien: Verlag Turia + Kant 2005, S.66

haben und bereit zu sein bis zur Selbstaufgabe in der Materialvermittlung zu gehen, dafür steht sein künstlerisches Konzept. „Das Bataille Monument" auf der documenta 11 von 2002 war eine Ausnahmeleistung, fast eines Einzelnen, der jedoch die Zusammenarbeit mit den Vielen gesucht und erfolgreich gefunden hat.[61] Es war das 45. Projekt von Hirschhorn. „Es stand für mich fest, dass ich dieses Projekt mit größtem Einsatz machen wollte."[62] Die Grenze jeder Person aber ist der Tod. Das persönliche Ende und das der anderen. Marcus Steinweg, der „Kamerad" an der Seite der Hirschhorn-Projekte, schreibt mit Bezug auf Heidegger: „Der Mensch ist Täter, er ist Agent der Gegengewalt, aber er ist nicht nur reaktiv. Die Gegengewalt des Menschen gegen das Überwältigende ist seine Art, im Verhältnis zum Überwältigenden zu sein. Sie kennzeichnet das Sein des Menschen im Überwältigen oder Unheimlichen: unheimlicher und überwältigender, gewaltsamer als dieses Gewaltsame zu sein."[63]

Wenn künstlerisches und kulturelles Handeln die Selbsterprobung bis zum Äußersten treiben, glaubte man bislang, dies geschähe nur in Ausnahmefällen. Deshalb passt die Metapher des Künstlers als Soldat oder Vorarbeiter recht gut, aber sie ist überholt. Das Äußerste ist nicht automatisch gegeben. Es reicht aus, es unter besonderen Umständen einzuklammern. Es kann – in der Einklammerung des Ausnahmefalles – beobachtet, d.h. zivilisatorisch trainiert werden. Bildung setzt hier an, weil kulturelle Praxen eine Herausforderung an die soziale Intelligenz darstellen, die nicht bei ästhetischer Aufbereitung stehen bleiben kann. Kulturelle Selbsterprobung ist eine politische Chance, die sich aus den Bezugsmustern von einem Ich zu dem der vielen ergibt. Kulturelle Projektarbeit seit vielen Jahren hat gezeigt, dass der interkulturelle Dialog eine ernst zu nehmende ‚Selbsterprobung' darstellt.[64]

---

60 Nicht unwichtig zu wissen ist der biographische Hintergrund: 1977 trat Thomas Hirschhorn als Wehrpflichtiger in die schweizerische Armee ein und schied 1983 unehrenhaft als Leutnant wieder aus. Weil er die Pflichten als Soldat in Frage stellte, kam es zu einer Verurteilung mit Strafvollzug. Hirschhorn sagt zu seinem Selbstverständnis als „Soldat": „Sogar heute als Künstler begreife ich mich (...) als Kämpfer und in der Praxis muss ich für meine Ideen kämpfen, für meine Projekte, ich muss mit Kritiken konfrontieren, gutem und schlechtem Gewissen, Politik, Missverständnissen und mit der Ökonomie."
Thomas Hirschhorn in: Katalog: Utopia, Utopia = One World, one War, one Army, one Dress, hg. vom Institute of Contemporary Art, Boston 2005, S.13

61 Gemeint ist hier die Zusammenarbeit mit den Bewohnern der Friedrich-Wöhler-Siedlung in Kassel, wo Hirschhorn das Bataille Monument realisiert hat.

62 Thomas Hirschhorn: Bataille Maschine, Berlin: Merve Verlag 2003, S.5

63 Marcus Steinweg: Bataille Maschine, Berlin: Merve Verlag 2003, S.99

64 Arthur Engelbert: Die Unkultur der Einmischung. The Unculture of Intervention, in: Arthur Engelbert; Maike Pagel; Wolf Borchers (Hg.): Cultrans. Ansichtssachen der Kunst. Views of Art, Würzburg: Verlag Königshausen & Neumann 2005, S.15f.

Soziale Form – kulturelle Netzwerke

Um das zu verdeutlichen möchte ich ein Gedankenbeispiel in Richtung der Multitude, anführen. Gäbe es mehr öffentliche Aktivität der Leute, würden aktuelle Probleme im Sinne sich differenzierender Gemeinschaften auch ‚angepackt'. Das wirft einige Fagen auf: Warum entstehen bislang kaum Reformulierungen in der Zusammensetzung, Kommunikation und Arbeitsweise von Gruppen, die auf die problematische Trennung von Arbeit und Freizeit durch andere Konzepte reagieren und die alternative Lösungen der gemeinschaftlichen Versorgung, des Erwerbs und des Tausches finden? Warum steht dem enorm hohen Flexibilitätsdruck der Leute, der Autonomie fördern kann, ein derart starres Verhaftetsein an alten Lebensmustern und Lebensperspektiven gegenüber, das die Abhängigkeit von Konventionen bestärkt? Man würde an dieser Stelle gern wissen, wie das Verhaftetsein am Status Quo mit der Verflüssigung der Verhältnisse, die in der Konstruktion des multiplen Ichs ihren Niederschlag finden, zusammen zu denken ist. Warum also diese Gefügigkeit? Man könnte glauben, dass die (europäische) Kultur keine Impulse für einen intelligenten Umgang mit komplexen Anforderungen bereithält.[65] Aber das Gegenteil ist der Fall: Man sollte zwischen einer Perspektive auf das Ganze (Gesellschaft) und einer auf das Kleine (soziale Umfeld) unterscheiden. Während die große Perspektive obsolet ist, ist die kleine noch unverbraucht, von daher kreativ im Finden von Lösungen und um vorzugreifen: eine zu bewerkstelligende Utopie im Kleinen.

Wie ist ein Umdenken angesichts vorherrschender Unflexibilität bei gleichzeitigem Flexibilitätsdruck möglich? Wahrscheinlich nur, indem man die gegenwärtigen Situationen weiter überdenkt. Die Diskussion des bislang unzureichend genutzten Potentials reformulierbarer Identitätsformen weist noch auf etwas anderes hin. Wie lassen sich Identitäten und Interaktionen sinnvoll - und strukturell weiter gedacht - aufeinander beziehen? Gibt es neue Hemmschwellen, die die Dynamik operational offener Individuen und Gemeinschaften erschweren?

Hemmschwellen sind Grenzen: Face to Face, Interface to Interface.
Hemmschwellen werden als alte oder neue Schnittstellen erfahren, die zwischen Drinnen und Drüben, Hier und Dort, vor dem Bildschirm und jenseits des Bildschirms vermitteln. Diese medialen Schranken regeln den Austausch, erschweren und verdecken ihn. Das heißt, Interaktionen vollziehen sich in den medial gesetzten Schranken.

---

65 Dass Gefügigkeit Methode hat, wissen wir durch Foucault. Dass Disziplin auch methodisch verordnet werden kann, zeigen *Zielvereinbarungen*, die (ein)gesetzt werden, um anderes auszuschließen. Hier nimmt Gefügigkeit die „Hausordnung" der Foucaultschen Klinik an.

In den Pionierzeiten des Internets gab es Visionen von ‚Virtuellen Gemeinschaften',[66] aus denen vergleichsweise soviel wurde wie aus den ‚guten' Anfängen der Grünen in Deutschland.[67] So wie die Grünen in Deutschland es zu einer etablierten Partei gebracht haben, so gibt es auch Strukturen im Internet, die auf die visionäre Frühzeit direkt zurückgehen, wie das bei *open source* noch immer der Fall ist,[68] und in der beeindruckenden Selbstorganisation und Selbstanzeige des Wissens bei *wikipedia* (*flickr, myspace* etc.) oder in den unüberschaubaren *weblogs* sozusagen eine Form gefunden haben. Dies mitzubedenken, ist sicherlich nicht falsch, wenn die schon recht bald nicht mehr so aktuellen Tendenzen wie *web 2.0,*[69] *social software* und *social networking* des Internets in die Überlegungen einbezogen bzw. durch noch aktuellere ersetzt werden.[70] Unbestreitbar ist, dass die Mitmach-Haltung der User gegenwärtig Ergebnisse einer digitalen Normalkultur zeitigt, die vieles, was in den Anfängen für möglich gehalten wurde, erreicht hat. Dass sehr viele Leute sich im Internet von sich aus einbringen, spricht für die Vermutung von Paolo Virno, dass hier eine virtuose Energie vieler Gemeinschaften (Multitude) sich mitteilt.

---

66 Der Apologet der Pionierzeit heißt Howard Rheingold, dem auch die jüngsten Entwicklungen im Internet nicht verborgen geblieben sind: „Die Wahrscheinlichkeit ist hoch, dass Leute mit wirtschaftlicher und politischer Macht einen Weg finden, den Zugang zu den virtuellen Gemeinschaften zu kontrollieren."
Howard Rheingold: Virtuelle Welten, Reinbek: Rowohlt Verlag 1992, S.15
"Die Anfänge jeder technischen Revolution sind von Ungewissheit überschattet. Für einen kurzen Zeitraum, bevor Industrien, Infrastrukturen und Glaubenssysteme aus einer Kommunikationstechnologie und ihrem Umkreis erwachsen, ist unbekannt, welchen Verlauf die Entwicklung nehmen wird."
Howard Rheingold: Virtuelle Gemeinschaft. Soziale Beziehungen im Zeitalter des Computers, 1. Aufl., Bonn, Paris: Addison-Wesley GmbH 1994, S.64
Siehe auch Howard Rheingold: Smart Mobs. Next Social Revolution, New York: Perseus Books 2003

67 Stellvertretend für viele andere links:
http://www.aec.at/de/archives/
http://www.heise.de

68 Wie müssen open source unterscheiden, was „offen" genau bedeutet. Einmal geht es um den gemeinsam nutzbaren Quellcode (z.B. das Betriebssystem Linux oder der Webserver Apache), zum andern um den ungehinderten Zugriff auf Internetseiten.
www.opensource.org/
www.heise.de/ct/06/12/190/

69 Tim O'Reilly, der „open source" im Internet einsetzt und dem die Idee des Mitmach-Internets zuzuschreiben ist, sagt in einem Interview: „Nicht ich habe übrigens den Begriff "Web 2.0" erfunden - das war einer meiner Mitarbeiter, der nach einem neuen Titel für eine Konferenz suchte. Er hat den Namen erfunden und der ist dann hängengeblieben - als Name für Ideen, die ich seit Jahren predige."
Internet-Vordenker Tim O'Reilly: "Wir betreten eine neue Welt", in:
http://www.spiegel.de/netzwelt/web/0,1518,451137,00.html; Stand 12.01.2007

70 Gemeint sind die kaum noch überschaubaren Technologien wie Blogs, Instant Messaging, Web-Konferenzen, Podcastings oder Wikis – bekannt als Web-2.0-Technologien oder Social-Networking-Werkzeuge, Wissensmanagement oder Firmennetzwerke: IBM unterhält bereits 3500 aktive Blogs.
http://secondlife.com/
http://www.iw-live.de/wissen
http://www.socialware.at

Theorie und Praxis

Die Begegnung mit anderen Kulturen hat einen präsentischen und historischen Faktor. Setzt man nur auf einen der beiden Faktoren, dann praktiziert man den Austausch entweder lediglich als Event oder bloß als kulturhistorisches Schaufenster. In Europa gehört aber beides zusammen: Ereignis und Herkunft. Und dies aus der Sicht handelnder Leute.
Kultur ist eine politische Oberfläche - immer gewesen, wenn auch verdeckt durch den schönen Schein. Man sollte die zwischenmenschliche Durchwobenheit reflektierter Gesellschaften wieder in den Vordergrund stellen. Will man dies, muss man einen Bewusstseinswandel bejahen, einen der die ästhetische Politur politischer Herrschaft unter den Bedingungen technologisch dominanter Massenmedien verneint bzw. deren Mechanismen spielerisch kompensiert.
Einen einzigen Lösungsweg dazu gibt es nicht, nur viele.[71]

Auf der pragmatischen Ebene ist es möglich, mittels transkultureller Projekte einen offenen Prozess zu initiieren, indem interkulturelles Leben praktiziert wird. Es verlangt nur, dass der Austausch in vielen Richtungen verläuft und Störungen sowie Missverständnisse als kulturelles Wechselgeld begriffen werden.
Wenn sich interkultureller Transfer in dynamischen, offenen Netzwerken positiv niederschlägt, generiert die Zusammenarbeit von sich aus eine Struktur, die Impulsen freien Lauf lässt. Es besteht kein Grund die Dynamik zu professionalisieren, sie künstlich einzuschränken, sondern eher das Gegenteil ist anzustreben: völlige Durchlässigkeit, Partizipation und Transparenz. Sollte diese ‚Verflüssigung' sich einstellen, dann liegt der Reiz darin, den Entwicklungen zu folgen und nicht, sie kontrolliertermaßen beherrschen zu wollen. Damit greifen wir aber bereits vor: Netzwerkdynamik als strukturelle Utopie.

---

[71] Hier möchte ich auf eine praktische Seite unserer Arbeit hinweisen: Der Kern unserer Arbeit ist eher unauffällig, widersetzt sich dem vorherrschenden Inszenierungsspektakel. Unsere Aufmerksamkeit gilt den emanzipierten Sinnen und den gleichberechtigten Medien; wir verfolgen gerade in den Klängen und Geräuschen urbaner und virtueller Welten eine gegenwartsbejahende und zukunftskritische Haltung, die wir als auditive Identität begreifen und erfahren. Diese ist auch mitteilbar, sprich mit anderen kommunizierbar, je nach Situation, je nach kulturellem Kontext, je nach lokaler Besonderheit.
www.fh-potsdam.de/~kultur/PROJECTS/sotc

Wettbewerb

Wie funktionieren Kulturen im globalen Wettbewerb? Die Antwort lautet: Sie passen sich an, indem sie das Tempo verschleppen, oder sie versuchen zu dominieren, indem sie das Tempo der Auseinandersetzungen vorgeben. Wer gibt das Tempo vor? Sind es wirklich einzelne Kulturen oder ist es eher ein Gesamtergebnis? Dazu ist zweierlei anzumerken: Zum einen betrifft es die Durchsetzungsfähigkeit und den Erfolg westlicher Kulturen. Zum anderen ist zu diskutieren, inwieweit kulturelle Prozesse unabhängig von ökonomischen und politischen Vorgaben eigene Wege gehen und selbstständig Richtungen verfolgen können. Hierzu möchte ich nur einen Hinweis geben und mich dann wieder dem eher vertrauten kulturellen Wettbewerb zuwenden.

Dazu ein kleiner Exkurs: Mir scheint, dass Fundamentalisierungen oder Regionalisierungen als gegenläufige Globalisierung spannender sind, als es deren revoltierende Harmlosigkeit oder Rückkehr zu einer alternativen Provinzialität tatsächlich vermuten lässt. Grenzüberschreitende Gemeinschaften und auseinander gebombte Kulturallianzen wie auf dem Balkan oder im Irak sind ‚rhizomatisch', d.h. sie organisieren sich selbst. Sie passen nicht ins Bild eines kulturellen Austausches, der kontrolliert und ‚zivilisiert' ablaufen soll.[72] Es wäre aber meiner Meinung nach sehr dumm, wenn man die ‚intellektuelle' Unbeholfenheit ausgeschlossener Gemeinschaften – sprich den naiven Glauben der Armen – unterschätzt, weil sie scheinbar über keine ‚verwertbare' Intelligenz verfügen. Reformuliert man jedoch mit Bezug auf Gilles Deleuze und Félix Guattari rhizomatische Strukturen als autonome kulturelle Prozesse,[73] muss man es auch ertragen, dass zum Beispiel islamische Fundamentalisten diese rhizomatische ‚Intelligenz' bereits besessen haben, bevor die Kritik sich ihrer diskursiv bemächtigte. Anders gewendet: Wie kann man aus einer mitteleuropäischen, aktuellen Perspektive sich dazu verhalten; Wie kann man sich eingestehen und konstruktiv verwinden, dass auch die eigene Perspektive höchst labil und verletzlich ist; Wie kann man unnötige Aggression verhindern, wie kann man dem uralten Trieb der Gewalt ein kulturell differenziertes und ‚zivilisiertes' Format zubilligen? Kann man die Unerträglichkeit überfüllter Gefängnisse – gleich welcher Art – ‚sprachlich' hinnehmen? Oder zusammengefasst: kann man den rhizomatischen Fundamentalismus als intelligente Matrix, also als Kritik an westlichen Demokratien rehabilitieren? Letzteres wäre der Versuch, mit denen wieder ins Gespräch zu kommen, die scheinbar unbeholfen oder fanatisch ihre

---

72 Weniger Schwierigkeiten bereitet die Einordnung von virtuellen Gemeinschaften bezogen auf das Internet. Dazu weiter unten mehr.

73 Siehe Gilles Deleuze; Félix Guattari: Rhizom, 1. Aufl., Berlin: Merve Verlag 1977, S.38f.

Gegenhaltung zum Ausdruck gebracht haben. Aber das stimmt eben nicht, wenn man dieses ‚verzweifelte Dagegenhalten' als eine politische Organisationsform begreift, die im Westen zeitlich später und dann auch nur intellektuell bzw. kulturell spielerisch thematisiert wurde.

Und damit komme ich wieder zurück zum Wettbewerb.
Jüngere Arbeiten zum Austausch von Kulturen haben gezeigt,[74] dass die Dominanz westlicher Kulturen die Fehleinschätzung fördert, westliche Kulturen seien anderen, z.B. ‚primitiven' Kulturen, die indirekt und nachhaltig die eigene geprägt haben, überlegen.[75] Die kritische Reflexion auf die Assimilations- und Kompensationsfähigkeit westlicher Kulturen in ihren Verhältnissen zu anderen ist konsequent. Wenn dies jedoch darauf hinausläuft, alte, hegemoniale Positionen im gegenwärtigen globalen Prozess durch Modernisierungen unter veränderten Vorzeichen bloß fortzusetzen, weil entweder Kritik auf einen verwertbaren Diskursvorsprung setzt oder weil die Verwertung von Kritik den Diskursvorsprung sichern soll, ist das natürlich bedenklich, einmal für den aktuellen Prozess der Weltkulturen untereinander und zum andern für die kritische Auseinandersetzung westlicher Kulturen mit ihrer gegenwärtigen Rolle und ihrem Verhältnis zur Tradition, die ja nicht einheitlich und rein, also ungemischt von Einflüssen und Überlagerungen gegeben ist. Letzteres betrifft kulturpolitisch geförderte Tendenzen: Die Musealisierung der Tradition bestimmt längst den kulturellen Alltag,[76] der auf eine durchästhetisierte Fassadengemeinschaft und auf eine Fabrikation kultureller Standards hinausläuft.[77] Anders gesagt: Westliche Demokratien werben mit Kulturangeboten wie Sonnenstudios mit einer frischen Gesichtsfarbe, die nicht mehr die eigene ist.

---

74 Siehe Jacques Poulain: Mondialisierungen als philosophisches Experiment. Kulturelle Diversität und transkultureller Dialog. In: Jens Badura (Hg.): Mondialisierungen. "Globalisierung" im Lichte transdisziplinärer Reflexionen, Bielefeld: transcript Verlag 2006, S. 135-151.
Transkulturalität - Lebensformen nach der Auflösung der Kulturen, in: Information Philosophie, Heft 2, 1993, S. 5-20
Kurt Robert Luger; Rudi Renger (Hg.): Dialog der Kulturen. Die multikulturelle Gesellschaft und die Medien, Wien: Österreichischer Kunst- und Kulturverlag 1994, S.147-149

75 Hartmut Böhme: Fetischismus und Kultur. Eine andere Theorie der Moderne, Reinbek: Rowohlt Verlag 2006.

76 Siehe hierzu die Hinweise, die Hermann Lübbe gegeben hat, wenn er u.a. Vergangenheitsvergegenwärtigung als ein Programm einer Wiederaneignung eigener, fremd gewordener Vergangenheit anspricht.
Vgl. Hermann Lübbe: Der Fortschritt von gestern. Über Musealisierung als Modernisierung, in: Ulrich Borsdorf, Heinrich Theodor Grütter und Jörn Rüsen (Hg.): Die Aneignung der Vergangenheit. Musealisierung und Geschichte, Bielefeld: transkript Verlag 2004, S.36

77 „Die Berliner Fassadenrepublik" ist der sichtbare Ausdruck einer Politik der „Verblendung", die nach dem Fall der Mauer alte Lücken mit neuen Funktionen füllt. Noch deutlicher tritt dies an dem kulturtouristisch cleveren Master Plan I-IV für Berlin hervor, der kulturelles Erbe zum Sofortverzehr anbietet.

Bewusstsein und Tausch

Was getauscht wird, sind Dinge bzw. Gegenstände der Auseinandersetzung. Gilt das auch für das Bewusstsein? Welches Bewusstsein ist gemeint? Das persönliche, individuelle, überindividuelle, ‚institutionelle', kollektive etc? Kann man das eigene gegen ein anderes, fremdes Bewusstsein tauschen? Unbedingt. Kulturelle Inhalte sind überkulturell, sprich transferierbar, wie auch immer der Vermittlungs- bzw. Übersetzungsprozess konkret vollzogen wird. Kultur besteht im Wesentlichen in diesem Transferprozess, während die einzelnen Bewusstseine als Medien dieser Transferleistung indifferent bleiben. Man muss sich das klar machen, weil Indifferenz problematisch ist:

Es ist ein Dilemma für jeden Einzelnen und eine Herausforderung, auf die wiederum durch Verdinglichung (kreative, soziale Handlungen), durch Herstellung von Kunstwerken oder Gegenständen der Auseinandersetzung geantwortet werden kann. An dieser Stelle wird auch deutlich, wo die Kernprobleme des interkulturellen Dialogs anzusetzen sind. Im interkulturellen Dialog tritt eine Seite des Austausches von Kultur und der Auseinandersetzung mit ihr hervor, die normalerweise verdeckt ist. Der Dialog selbst kennzeichnet nur eine besondere Beziehung des Austauschverhältnisses, in dem die beteiligten Individuen indifferent bleiben, während ihr kulturelles Bewusstsein sich zu differenzieren vermag. Persönlich gesehen kann man dabei bzw. davon nur profitieren, wenn man in der Lage ist, die nie nur eigene Perspektive im Wechsel zu anderen zu positionieren und fortgesetzt zu relativieren. Relativieren bedeutet, Aneignung und Anpassung flüssig zu halten, um intelligente Adaptionen im Wechsel der Standorte und Standpunkte zuzulassen. Und ‚man' ist dazu in der Lage, wenn die persönlichen Umstände im Verbund mit anderen (Gruppe, Familie, Unternehmen) angenommen werden.

Interessen

Interkultureller Dialog ist mit Interessen verbunden und nicht automatisch ein Ergebnis eines florierenden, weltweiten Austausches. Technologische und organisatorische Rahmenbedingungen liefern die Bedingungen dafür, dass Dialoge stattfinden. Deshalb nachgefragt: Wie kommen interkulturelle Dialoge zustande? Wo wäre die treibende Kraft anzusiedeln? Wäre es ganz einfach Neugier? Wissbegierde? Ausweitung des jeweils eigenen Standortes bzw. Position auf ein diffuses Gesamtsystem? Interkultureller Dialog suggeriert die Idee einer manchmal allumfassenden, manchmal fokussierenden Perspektive innerhalb vernetzter Kulturen, die es gilt, kritisch zu hinterfragen. Wo aber anfangen?

Was in der hierarchisch organisierten, sich anmaßenden Moderne des letzten Jahrhunderts vielleicht ein Nachteil war, nämlich im individuellen Mikrokosmos erst Wirklichkeit zu werden und nicht im systemischen Makrokosmos die verbindliche Ordnung vorgeschrieben zu bekommen, ist gegenwärtig ein Vorteil. Der soziale Faktor bestimmt die Qualität der kulturellen Erfahrung und der künstlerischen Perspektive.

Man kann sich nun fragen, ob die gegenwärtige Situation ein Hinweis darauf ist, dass man von jeweiligen Interessen und Kontexten, die sich mit dem Kennenlernen und dem Austausch kultureller Zeugnisse verbinden, abstrahieren kann. Das heißt, ist es möglich, eine kulturelle Perspektive zu verfolgen, die partikular ist und dennoch von dem Bewusstsein getragen wird, dass alle kulturellen Beziehungen eine gemeinsame Kultur, sprich letztlich eine - wie auch immer zusammengesetzte- Weltkultur ergeben? Wahrscheinlich hat man keine andere Wahl als genau diese: Kultureller Austausch ist – auf unterschiedlichen Ebenen global vernetzt: technisch und inhaltlich und von daher ein Gesamtergebnis. Skeptisch wird man jedoch an dieser Stelle einwenden, dass dieser Globalisierungsanspruch der Verflechtung und Vernetzung nicht von allen Kulturen gleichermaßen zu leisten und auch gewollt ist. Diesen Einwand muss man akzeptieren. Interkultureller Dialog ist mit Interessen, d.h. einer Interpretation des interkulturellen Prozesses verbunden. Eine und viele interkulturelle Perspektiven sind möglich. Ein florierender weltweiter Austausch kann viele, aber auch nur eine Perspektive haben, auf einmal viele und auf einmal nur eine, beides.
Die Ausgangsfrage hat sich damit weiter ausdifferenziert: Interkultureller Dialog beruht auf einer interessensgebundenen Anteilnahme und suggeriert möglicherweise eine Gesamtperspektive vernetzter Kulturen.

Bildung

Kultureller Austausch generiert Bildung und umgekehrt fördert Bildung kulturelle Transfers. Beide Seiten bedingen sich wechselweise. Indem Bildung mit Gadamer gesprochen sowohl ästhetische Phänomene und Prozesse als auch deren gesellschaftliche Realität einschließt, durchdringt Bildung gesellschaftliche Räume.

Folgt man Gadamer, ist Bildung zunächst einmal mit einer Bereitschaft verknüpft, die jeweilige Eingebundenheit in den Austausch offen zu halten: „Es gibt eine berühmte Formulierung von Hegel, die sagt, Bildung besteht darin, auch die Meinung des anderen verstehen zu wollen. Und das ist genau das, was wir empfinden, wenn wir etwa in einem Gasthaus einfache Leute reden hören, mit welcher Sicherheit sie da – so zu sagen aus Mangel an Bildung – sich alle prägen. Das ist Bildung."[78] So wie das Massenpublikum sich einen Reim auf alles macht und so wie auch der Lernende vorfabrizierte Dinge sich aneignet, ist jeder, der sich auf die Meinung eines anderen einlässt, prinzipiell damit konfrontiert, etwas zu hören, was von seiner eigenen abweicht bzw. über seine eigene hinausgeht.

Wer also ein Gespräch führt, muss damit rechnen, überrascht zu werden. Von wem und von was ist die Frage. Man kann sich diesen Umstand von vornherein zu eigen machen und versuchen, seine Sicht der Dinge festzulegen. Bleibt man einmal bei dem Frage-Antwort-Spiel, lassen sich einige Regeln ausmachen. Fragensteller können alle möglichen Arten von Fallen stellen, wie Antwortgeber Techniken entwickeln können, diese zu umgehen. Fragen als Frömmigkeit des Denkens, wie Heidegger es einmal nannte, wirkt zu konstruiert, denn man würde schon gern wissen, was den Fragenden antreibt. Ist sokratisches Nichtwissen als fromme Fragetüchtigkeit wirklich überzeugend?
„Wir alle versuchen, den anderen in seinen Möglichkeiten (...) auch wenn Sie jetzt hier vor mir sitzen, versuche ich noch ein bißchen mehr dahinterzukommen (...) und langsam merke ich, was Sie hierher führt."[79] – Soweit Gadamers Antwort auf seinen Fragesteller, von dem er nicht viel weiß.
An dieser Stelle wird deutlich, wie die Kunst der Frage beginnt sich, von erlernbaren Techniken wie Abfragerei für Selbstdurchsetzung zu lösen oder von einstudierten Mustern wie Antwortumgehung für Selbsterhöhung

---

78 Hans-Georg Gadamer: "Suchende sind wir im Grunde alle", Farkas-Zoltán Hajdúís im Gespräch mit dem Heidelberger Philosophen, in: Aufklärung & Kritik, 2/2002, S.148 Heidelberg, 10. Mai 1999; http://www.gkpn.de/gadamer.htm, *19.1.07*

79 Ebda., S.141-149

abzuheben. Damit ist eine Dimension von Frage-Stellen gemeint, die nicht nur ins Zentrum eines bewegten Denkens und Fühlens zielt, sondern darüber hinaus an deren Grenzen stößt. Bildung wäre eine solche Selbstbewegung, mit Fragen im Gespräch an Grenzen zu stoßen. Man könnte in diesem Zusammenhang Utopie als konkrete, noch zu vollziehende Grenzziehung anführen.

Folgt man weiterhin Gadamer wäre der Dialog eine Bereitschaft, im Wechsel von Frage und Antwort mit dem anderen die Seiten zu tauschen, nicht nur um der Informationsausbeute und der Einordnung des anderen willen, vielmehr, weil man überrascht werden kann. Letztlich übersteigt eine solche Zumutung die gewohnten Muster, die man mitbringt, um mit ihr fertig zu werden. Überraschungen sind ein Gütesiegel der Realität, in der sie ihren Platz finden müssen.
Skeptisch einzuwenden ist, ob aus der Praxis des Gesprächs heraus, Überraschungen sozusagen als unerwartetes Aufmerken zustande kommen können. Wäre dies nicht bloß eine versteckte Projektion? Trotz vieler denkbarer Einwände erscheint es mir plausibel, dass im Durchbrechen der eigenen Perspektive Erkenntnisse bzw. Einsichten gewonnen werden können.

Da alle Beteiligten im kulturellen Prozess auf unterschiedlichen Ebenen sich austauschen, ist das Gespräch nur eine neben anderen Formen, wenn auch eine sehr privilegierte Seite des Lernens. Wichtig ist hierbei aber noch etwas anderes. Dem Gespräch und dem kulturellen Dialog haftet etwas Intentionales an. Es spricht vieles dafür, dass Bildung – siehe das noch folgende Beispiel „Balkan Beats" – größtenteils intentionslos erworben wird. Wie ist das möglich? Da ist zunächst einmal die Fähigkeit zur Selektion von Informationen und die Befähigung strategisch mit Wissen umzugehen. Wenn man einmal ausschließt, dass das nicht nur unbebarft geschieht, weil die sozialen Passformen dazu im Alltag erprobt und vermittelt werden, wäre allen an einem kulturellen Prozess (wie „Balkan Beats") zu bescheinigen, eine bewusste Aneignung und Steuerung der Erfahrungen vorzunehmen. Man könnte auch von Laien sprechen, die die Dinge selbst erforschen bzw. ihre Sicht der Dinge selbst entwickeln wie im späten Mittelalter die Laien gegenüber dem Klerus. Insgesamt beschreibt Bildung mehr als einen Dialog. Bildung wäre das, was im kulturellen Austausch haften bleibt. Man kann dies als eine ‚Verflüssigung' von lokalen und globalen Beziehungsmustern ansehen, als ein Ineinanderschieben von Mikro- und Makroebene, die dem kulturellen Austausch eine soziale Form verleiht.

Alle Lebensbereiche und kulturellen Welten erschließen und verändern sich durch Aneignung, Partizipation oder Kreativität. Bildung ist eine treibende

Kraft dieser Veränderungen. Diese Einsicht ist da, aber zugleich halten wir an einem überholten Begriff von Bildung fest, in dem die Ordnungen des Wissens ein fest gefügtes Weltmodell darstellen. Dabei wissen wir längst, dass Bildung - auch Allgemeinbildung - dynamisch ist und sich aus wechselnden, interagierenden Einflußgrößen zusammensetzt. Bildung ist ein permanenter Lernvorgang und Lernen ein Widerspruch in sich selbst, weil man niemals das lernt, was Lernen zu einem Abschluss, also Ende führt. Wie in dem Wort Bildung ‚bilden' als Hervorbringung z.B. von Bildern verstanden wurde, müsste das Prozessartige der Durch-Bildung eigens betont werden. Wie dieser Lernvorgang zustande kommt, hängt davon ab, ob er angeleitetermaßen (Erziehung) oder autonom (Selbsterziehung) vollzogen wird. Wichtig allein ist, dass der Prozess, die performative Durchführung, im Mittelpunkt steht. Dass dabei auch Kompetenzen erworben und Ergebnisse erzielt werden, ist klar, erschöpft sich aber nicht in diesen. Dazu ein simples Beispiel: Liegen für den Einzelnen Ergebnisse bzw. Erfahrungen in Form von Lese-, Fernseh-, und Hörstunden vor, die jeder anhand von Lese-, Film- und CD-Listen anderen mitteilen kann, ist es möglich, diese als persönliche Profilbilder zu nutzen und ständig zu modifizieren. Hinzuzurechnen sind diejenigen Lernprozesse, die der Erwerbsarbeit zugute kommen und – wie man in diesem Zusammenhang auch erkennen kann –, die dabei nicht auf die tradierten Formen von Erwerbsarbeit reduziert werden brauchen. Einerseits können dadurch kommunikative Abgrenzungen oder auch Anschlüsse erprobt werden, wie das z. B. auf Mitmach-Foren im Internet praktiziert wird. Andererseits stellt sich dabei die Frage, was dadurch gegenüber dem akkumulierenden Wissen, Spezialisierungen und Expertentum gewonnen ist. Erstaunlich wenig. Derzeit hat man eher den Eindruck, als würden Informationsmengen unterschiedlichster Gebiete Rekorden zujagen wie Höchstleistungen bei sportlichen Wettkämpfen.

Lernen könnte heute andere Formen annehmen als bisher. Wenn jedoch die bevorzugten Verfahren, Informationsaustausch zu pflegen, derart unentwickelt sind, muss man genauer hinschauen, um nicht gleich von einem Rückschritt gegenüber den hehren Zielen bürgerlicher ‚Universalität' und ‚Weltoffenheit' sprechen.
Man kann an dieser Stelle Liessmanns aufrechnender Kritik an der herrschenden Bildungspolitik, die Bildung im althergebrachten Sinne außer Kraft setzt nur zustimmen - und dies unter Einbeziehung der Adornoschen Halb- zur gegenwärtigen Nullbildung: „'Unbildung' meint demgegenüber, dass die Idee von Bildung in jeder Hinsicht aufgehört hat, eine normative oder regulative Funktion zu erfüllen. Sie ist schlicht verschwunden. Der entfremdete Geist, der bei Adorno noch in den zu Bildungsgütern herabgesunkenen Versatzstücken einstiger Bildungsansprüche sich umtrieb, ist

in akklamierte Geistlosigkeit umgeschlagen."[80] Und zugespitzt heißt es weiter: „Unbildung heute ist deshalb auch intellektuelles Defizit, kein Mangel an Informiertheit, kein Defekt an einer kognitiven Kompetenz – obwohl es alles das auch weiterhin geben wird – sondern der Verzicht darauf, überhaupt verstehen zu wollen."[81] Wenn Bildung in ihr Gegenteil Unbildung umschlägt und die Loslösung der Bildungsinhalte, sprich Wissen sich von den Instanzen der Wissensvermittlung löst, im Internet beispielsweise neue Formen entwickelt, dann ist das auch ein Hinweis darauf, dass Bildung sich prinzipiell wandelt.

Wenn ungeheuer große Informationsmassen von Akteuren bewegt und vom Publikum angenommen werden, ist das an sich schon eine Leistung. Ist Informationsbewältigung schon Bildung? Noch einfacher gefragt: Demonstriert die Frankfurter Buchmesse Kultur? Ist WETTEN DAS keine Kultur? Die damit angesprochene Frage ist die nach einer ‚Kultur' und ‚Bildung' der Massen, die massenhaft viel erledigt und Stars bzw. Solisten benötigt, um diese dargestellt oder vorgeführt zu bekommen. Die Antwort, die man daraufhin erhält, ist die der Einübung von kritischer Distanz oder ist die der Abwendung von der Massenkultur, wenn das nicht sowieso die Zurückführung auf die Voraussetzung ist, diese aus einer anderen Perspektive beobachten und bewerten zu können.

Wenn es nicht weiterführt, diese Fragen an den massenhaften Austausch von Dingen etc. festzumachen, muss man die Perspektive verschieben. Zu hinterfragen ist der Vorgang selbst. Bildung ist Vermittlung und Vermittlung ist Bildung. Will man sich mit dem Zirkelschluss nicht zufrieden geben, könnte man den Vorgang funktional und technisch als Wiederholung, den Bildungsprozess als Kreislauf verstehen. Dafür spricht der Gebrauch von Medien, die den Austausch regeln. Wer bestimmt den Gebrauch? Kann man ihn kontrollieren oder steuern?

Solche Fragen tangieren die Bedingungen von Vermittlung. Da das, was vermittelt wird, niemals ohne Grund, das heißt ohne Vermittlung geschieht, muss man an dieser Stelle zwischen technischer *und* lebendiger Vermittlung unterscheiden. Technisch gesehen fußt alles, was sich bildet, was sich austauscht, auf ein Beziehungsnetz, welches keine Stelle auf-

---

80 Konrad Paul Liessmann: Theorie der Unbildung. Die Irrtümer der Wissensgesellschaft, Wien: Zsolnay Verlag 2006, S.70

(Und zum Humboldtschen Bildungsideal heißt es: „Es geht der humanistischen Bildung um die Kenntnisse jener komplexen Formen und Gestalten, in denen sich Menschsein realisieren kann; da es aber unmöglich ist, diese Vielfalt empirisch und historisch umfassend auch nur halbwegs vollständig zu studieren, schlägt Humboldt eine Methode vor, die durchaus modern erscheint: das exemplarische Lernen." S.58)

81 Ebda., S.72

weist, die nicht wiederum auf andere verweist. Bezogen auf Identitätsmuster wurde dies bereits reflektiert. Inhaltlich gesehen ist Bildung eine Vermittlung, die nichts vermittelt, sondern unterbricht oder wie oben bereits erörtert, auf Überraschendes im Gespräch aufmerksam macht. Diese widersprüchliche Vermittlung von etwas, was zeitlich oder räumlich unvermittelt ist, kann man natürlich auch als geisterhaft oder schlicht Spuk abtun. Dafür spricht allerdings, Inhalte oder Formen des Geistes spielerisch und naiv hinzunehmen, kurz, sie zu akzeptieren, wie es zum Beispiel Giorgio Agamben mit dem Reformulierung des ‚Genius' als persönlichem Überbringer bzw. Begleiter vorgeführt hat.[82] Wen dies stört, der sollte sich vor Augen halten, dass auch mathematische ‚Zufälle' nur einen graduellen Unterschied gegenüber diesen literarischen Phantasien darstellen. Es spricht grundsätzlich nichts gegen literarische Erfindungen, man denke nur an die Karriere von Avataren im Zuge der Virtualisierung. Falls schon nicht überzeugend, so wäre doch schon ein praktischer Erfolg dadurch gegeben, dass nach dem endlosen Vermitteln von allem eine ‚denkbare' Mitte angesprochen ist, die sich den unendlichen, technischen Verzweigungen und Bezugsvielfalten entgegenstellt.[83]

Mir scheint, eine ‚denkbare' Mitte als maßvolle Ausgewogenheit *und* als eine offene, ‚unbekannte' Stelle zuzulassen, ist durchaus ‚vernünftig', also ein Indiz von Normalkultur. Mit anderen Worten: Im Fluss des Ermittelns und Vermittelns inne zu halten zu können, ist eine Seite von Weltbildung, die in dem affirmativen oder kritischen Umgang mit den technischen und biologischen Bedingungen von Vermittlung allein nicht zu finden ist.

Narr: Kann ein Esel nicht wissen, wenn der Karren das Pferd zieht?
Schrey, Nachtigall, ich liebe dich.
Shakespeare, King Lear

Die Kolonisierung des Alltags

Wodurch zeichnet sich Normalkultur aus? Würden alle Kulturen sich sozusagen auf einen Nullstand einpendeln, in dem sie nicht nur austauschbar, sondern - jede für sich - überflüssig werden, wäre Normalkultur bloß ein Durchschnittswert aller Kulturen. Das ist jedoch für die hier vertretene These von Normalkultur auszuschließen, weil es eben nicht um eine Nivel-

---

82 Siehe Giorgio Agamben: Profanierungen, Frankfurt am Main: Suhrkamp Verlag 2005, S.11

83 Man denke an dieser Stelle beispielsweise an die Endlosbewegung des Signifikanten bei Jacques Lacan.

lierung bzw. Angleichung der Kulturen untereinander geht, sondern um eine Entfaltung von diversen, im Alltag bereits angelegten interkulturellen Dialogen, die die Vielfältigkeit und die noch ungenutzten Perspektiven näher in den lebensnahen Umkreis der Akteure und Zuschauer rücken.

Damit man sich den Sprung von dem, wie Normalkultur gegenwärtig erscheint, zu dem, wie sie ‚unverdeckt' eigentlich beschaffen ist, bewusst machen kann, sollte man den Unterschied von Normal- und Popkultur aufzeigen. Während Popkultur eine Affäre von Kunst und Realität medial inszeniert, flirtet Normalkultur mit Realitäten, die ihren verführerischen Charme wiederzugewinnen scheinen, ähnlich einem Schwarz-Weiß-Film, der langsam und wunderschön auf Farbe umschaltet. Reflektiert findet sich dieser Effekt in der Erzählstruktur von Don DeLillos Roman „Unterwelt" (1997) oder im erfindungsreichen Genrewechsel von W. G. Sebalds „Die Ringe des Saturn" (1995).
Normalkultur ist keine vordergründige Oberfläche, wie das bei der Popkultur auf schillernde Weise der Fall ist. Vielmehr entzieht sich Normalkultur der Maskerade und zeigt brüchige Oberflächen, die die Realität medial ‚umhüllen' und technologisch durchdringen. Unter Oberfläche werden hier kulturell eingeübte, visuell dominante Ordnungen verstanden, die als statisches Blendwerk, Fassade, Frame etc. oder dynamische Schnittstelle das Zusammenwirken der Elemente in einer Normalkultur regeln. Dafür gibt es einige Indizien, die diese Sichtweise plausibel machen:
Alle großen Projekte der letzten zwei Jahrhunderte sind mehr oder weniger im Alltag angekommen, wie vollständig und vernünftig auch immer: Das Projekt von Freiheit-Gleichheit-Brüderlichkeit hat in demokratischen Grundrechten seinen Niederschlag gefunden, das der Moderne hat als ästhetische Dauerinszenierung Einzug in die Lebenswelt gehalten, das der Industrialisierung umkreist gerade mit Autos und Luxus für alle den Globus, das der Sozialdemokratie ist in Versicherungsmodellen staatlicher und privater Art angekommen, das der optischen und physikalischen Mobilität befindet sich im Wohnzimmer bzw. steht vor der Haustür und das Projekt der ‚totalen' Vernetzung ist anhand weltweit zugänglicher Kommunikationstechnologien prinzipiell für jeden nutzbar, das heißt, in vielen Teilen der Welt ganz selbstverständlich zu haben. Vieles, scheinbar alles, ist in unserer Zeit zu haben.

Auch die Wünsche sind im Alltag angekommen: Vor allem die für viele erreichbaren Normalwünsche. Die Superwünsche, die schwerer zu haben bzw. zu bezahlen sind, sind nichts desto trotz nicht weniger normal, ganz im Gegenteil, wie das ein wenig traurige Glück auf Zeit in die Südsee verdeutlicht.[84] Wünsche sind nicht nur realisierbar, sondern mittlerweile eine

---

84 Man denke hier auch an den alten Traum der Moderne, den eigenen Lebensumständen zu entkommen und andere, ferne Lebenswelten - z.B. in Bildern wie bei Paul Gauguin - zu erkunden.

Staffage unserer Realität. Weil sie im Alltag angekommen sind, umgeben sie uns, prägen sie uns – vor allem in Europa. Das ließe sich im Einzelnen noch genauer darlegen, insbesondere das Verhältnis der verschiedenen Projekte, die aufeinander folgen und parallel nebeneinander bestehen, also in kein Megaprojekt münden, worauf alle großen Projekte insgeheim angelegt wären.
Feststellen lässt sich, dass die Phasen der großen Projekte kürzer geworden sind und der alles antreibende Fortschritt, die große Verheißung, sich seit der Postmoderne auf die Kosmetik z.B. urbaner Kulissen beschränkt.

Traditionell gesprochen wäre eine allein mit gewünschten Dingen eingerichtete Realität nur ein Vorwand. Aber für was? In welcher Beziehung stehen Realität und Alltag, Realität und die Oberfläche der Normalkultur? Noch immer in einem Verhältnis des ‚als ob' der Doppelung? Man kann hier einen zentralen Gedanken von Jean Baudrillard, nach der die Realität in ein Stadium der Erfindung von sich selbst als Simulation übergeht, wieder aufgreifen. So wäre Realität Schein von sich selbst und umgekehrt. Medial inszenierte Simulation ist Realität und alltägliche Normalität eine ‚Kulisse', sprich das ein wenig triste, jedoch schön angereicherte Leben aller: eine Summe von Klischees. Realität wäre also die ästhetisierte ‚Hülle', die den Alltag, d.h. die Umstände in dieser Realität zu leben, umgibt. Zwischen den Ebenen zu schalten, ist denn auch die technologische Faszination, die das iPhone von Apple Macintosh für die technisch basierte Kommunikation anbietet. Auch diejenigen, die an der ‚Verhüllung' direkt oder indirekt technokratisch mitwirken, leben in einer ‚Kulisse'. Keiner hat es wirklich besser, wie die Sättigung der Wünsche demonstriert. Wichtig ist nicht, wo man ist, sondern was man daraus macht. Nur dem Grad nach bestehen Unterschiede. Allerdings sind diese aus der Wahrnehmung des Einzelnen oder Gruppen entscheidend.

Wir wollen dies unter Zuhilfenahme einer weiteren Position vertiefen: Zwar geht Jacques Rancière nicht so weit wie Vilém Flusser in seinem Buch „Lob der Oberflächlichkeit“,[85] aber er wendet sicht strikt gegen eine ‚ein'-seitige Kritik der Oberfläche: „Today the ‚surface' has a bad reputation: The Marxist critical tradition that called for seizing the reality hitherto concealed from us morphed, by way of Debord and Baudrillard, into the idea that there is nothing behind the surface, that it is the place where all things are equivalent, where everything is equivalent with its image, and every image with its own lie. Thus the dogmatism of the hidden truth has became the nihlism of the ubiquitations lie of the market.“[86]

---

[85] Vilém Flusser: Schriften Bd. 1., Lob der Oberflächlichkeit. Für eine Phänomenologie der Medien, hg. von Stefan Bollmann und Edith Flusser, Düsseldorf: 1993, S.47f.

[86] Art of the Possible, Fluvia Carnevale und John Kelsey im Gespräch mit Jacques Rancière, in: Artforum International, March 2007, XLV, No. 7, S.267

Beide, sowohl Rancière als auch Flusser, setzen auf ein anderes Verständnis von Oberflächen, wobei Rancière mehr strategisch argumentiert und Flusser andere Dimensionen der Oberflächlichkeit, vergleichbar anderen Dimensionen von Raum wie bei Michel Foucault beschreibt: „Flächen sind Oberflächen von etwas: Es sind Häute. Die traditionellen Flächen sind Oberflächen von Körpern. Die neuen Flächen sind Oberflächen von Begriffen. Die traditionellen Flächen sind Folge einer Bewegung vom Konkreten ins Abstrakte. Die neuen sind Folgen einer Bewegung aus der letzten Abstraktion dem Konkreten entgegen. Wo diese beiden Häute zusammentreffen, da stehen wir gegenwärtig."[87] Hinzuzufügen ist, dass Normalität Oberflächlichkeit reformuliert: In diesem Sinne verstehe ich den losen Zusammenhang der so genannten Berliner Schule,[88] die ein Realitätsbild zeichnet, das dem Normalen des gesellschaftlichen Lebens unter den Bedingungen des Films eine mitunter anrührend persönliche Aufmerksamkeit verleiht. Filme wie „Sehnsucht" (2004) von Valeska Griesebach, „Schläfer" (2005) von Benjamin Heisenberg, „Yella" (2007) von Christian Petzold oder „Marsaille" (2004) von Angela Schanelec demonstrieren ein „Realitätskonzept",[89] welches filmische Erzählungen mit einer Mischung aus Inszenierung und Dokumentation verbindet, wodurch eine suggestive Wirkung entsteht, in ruhigen, betont fotografischen Einstellungen und einfühlsamer Genauigkeit entfaltet, als wäre es möglich, die Anfänge der Kunst des Bewegtbildes zu reformulieren. Sie sei an „Schönheit" interessiert, sagt Angela Schanelec treffend[90] und gibt damit der von ihr konstruierten Normalität ein filmisches Antlitz, der Sehnsucht nach Normalität eine künstliche Oberfläche. In diesem Spannungsverhältnis bewegt sich auch der Zuschauer dieser Filme, indem er die filmisch vermittelte Realität mit der Wirklichkeit seiner Erfahrungen misst.[91] Oder anders gesagt: Normalität kann auch Gegenstand der Kunst sein.

---

[87] Vilém Flusser: Schriften Bd. 1., Lob der Oberflächlichkeit. Für eine Phänomenologie der Medien, hg. von Stefan Bollmann und Edith Flusser, Düsseldorf: 1993, S.58f. (geschrieben ca. 1983)

[88] Ohne Anspruch auf Vollständigkeit lassen sich zwei Generationen der Berliner Schule unterscheiden. I: Christian Petzold, Angela Schanelec, Thomas Arslan, II: Ulrich Köhler, Valeska Griesebach, Henner Winckler , Benjamin Heisenberg, Christoph Hochhäusler, Sören Voigt

[89] Zum „Realitätskonzept" siehe die Ausgaben Revolver. Zeitschrift für Film, gegründet von Benjamin Heisenberg und Christoph Hochhäusler; zur Diskussion der Bezeichnung „Berliner Schule" siehe insbesondere Heft 16, Frankfurt am Main: Verlag der Autoren 2007, S.7-40
Revolver, Zeitschrift für Film, Schönhauser Allee 130, 10437 Berlin
www.revolver-film.de

[90] Siehe "Es geht mir darum, die Schönheit zu sehen - in den Dingen oder in den Menschen." Filmemacherin Angela Schanelec im cinetramp-Gespräch, in: cinetramp . dialog, 17.12.2004, www.cinetramp.de/conpresso/dialog/detail.php?nr=501&kategorie=dialog

[91] Veleska Grisebach umkreist gedanklich den Realismus ihrer Filme wie folgt: „Ein Versuch den Alltag sichtbar zu machen, an ihn zu erinnern. Auch wenn man ihn nicht versteht. Eine Schärfung des Blicks sozusagen."
Valeska Grisebach: Von hier aus, in: Revolver. Zeitschrift für Film, Heft 16, Frankfurt am Main: Verlag der Autoren 2007, S.80

Wenn es zutrifft, dass eine Ästhetisierung aller Lebensbereiche stattgefunden hat, ist zu überlegen, ob dieser Prozess strukturiert oder unstrukturiert ist. Um das zu verdeutlichen, ist ein Vergleich zur repräsentativen Macht des historischen Dekors hilfreich. Während im Wechsel der gestalterischen Ordnung der Künste der Lebensraum zu verschiedenen Epochen anders strukturiert wurde, ist das gegenwärtige Design der Realität fließend, nicht mehr an den dreidimensionalen Raum gebunden: Schnelllebige Outfits einerseits, starre Ikonen aus der Tradition andererseits.

Dass Realität technische, mediale und politische Vermittlung voraussetzt, ist in den großen Projekten der Industrialisierung, dem der künstlerischen Moderne und dem der sozialen Bewegungen, die heute im Alltag angekommen sind, angelegt. Dass aber Vermittlung als realer Schein autonom geworden ist und nun darüber verfügt, die alltägliche Nutzung und Konsum zu bestimmen, zeigt an, dass die Kultur der Normalität einen Kreis schließt, in dem alle Kulturen sich angleichen. Zelebriert beispielsweise die Berliner Fassadenrepublik im historischen Gewand ihre zeitgenössische Identität, ist das ein Ausdruck einer dekorierten Normalkultur.

Auf der einen Seite wird das Normale der Normalkultur durch Aufsehen erregende Ereignisse, den Mega-Events oder Mega-Ausstellungen im Kalender des Spektakels, unterbrochen und mit den Wellen des Hypes kanalisiert. Von daher ist auch die Vorstellung von Hyperkultur passé, denn warum sollte in der Normalkultur, in der die großen Projekte angekommen sind, noch einmal ‚große' Entscheidungen und aufwühlend ‚große' Gefühle bewegt werden.[92] Auf der anderen Seite erfolgt die Normierung der Normalkultur über Anpassung an Versorgungsleistungen und über medial bedingte Abhängigkeitsverhältnisse. War in der Industriekultur die arbeitende Klasse ökonomisch abhängig von dem Arbeitsverhältnis auf dem Stand der Warenproduktion, so ist in der Normalkultur die arbeitende und nicht arbeitende Klasse abhängig von der Nutzung der Massenmedien, dem als privat missverstandenen Konsum und der vermeintlichen Sicherheit durch Versorgungsleistungen. Die Hauptversorgungsleistungsleistung ist Unter-Haltung, ist ‚Unter' im Sinne von Unterwerfung und eben keine ‚Haltung' im Sinne von Eigenständigkeit. Dem würde jeder, der den Massenmedien seine Aufmerksamkeit und jeder der die Manipulation seiner Wünsche dem Konsum überantwortet, heftig widersprechen. So sollte man jedenfalls annehmen. Niemand, der selbst Teil der Masse ist, würde seine Zugehörigkeit in Abrede stellen und erst recht würde kaum jemand auf die Idee kommen, in der Anpassung und Gefügigkeit medial und technisch bedingter Funktionsleistungen eine Abhängigkeit zu erkennen.

---

[92] Auch Big Manager taugen als Global - und Lokal Player weniger für große als vielmehr nur noch für kleinformatige Entscheidungen, was man verallgemeinert für die ganze Klasse der Technokraten, die in den westlichen Mediendemokratien Entscheidungen vorbereitend fällen, sagen kann.

Geht man einmal davon aus, dass diese Einschätzung auf die Mehrheit zutrifft, muss man das weiter bedenken. Einmal kann man hier wieder Virnos Idee der Selbstorganisation der Masse in die Diskussion anführen. Denn diese hat sozusagen das Erbe der unterdrückten Klasse angetreten und verschafft sich durch die Partizipation an der Normalkultur Freiräume, die über die Macht der Quote hinausgehen. Das ist konstruktiv und optimistisch gedacht. Zum andern kann man in Anlehnung an Adornos Kritik der Kulturindustrie danach fragen, wie die demokratische Mediengesellschaft die Normalkultur prägt.[93] Das wäre auch konstruktiv, aber entgegen der gängigen „think positive"-Attitüde ist Adornos bekannte Rechnung ganz nüchtern ausgefallen: „Von Interessenten wird die Kulturindustrie gern technologisch erklärt. Die Teilnahme der Millionen an ihr erzwinge Reproduktionsverfahren, die es wiederum unabwendbar machten, daß an zahllosen Stellen gleiche Bedürfnisse mit Standardgütern beliefert werden. Der technische Gegensatz weniger Herstellungszentren zur zerstreuten Rezeption bedinge Organisation und Planung durch die Verfügenden. Die Standards seien ursprünglich aus den Bedürfnissen der Konsumenten hervorgegangen: daher würden sie so widerstandslos akzeptiert. In der Tat ist es der Zirkel von Manipulation und rückwirkendem Bedürfnis, in dem die Einheit des Systems immer dichter zusammenschießt. Verschwiegen wird dabei, daß der Boden, auf dem die Technik Macht über die Gesellschaft gewinnt, die Macht der ökonomisch Stärksten über die Gesellschaft ist."[94]

Kommen wir noch einmal auf das begriffliche Verständnis von Normalität zurück. Normalität hat zwei Bedeutungen, einmal die Einfachheit, wenn man sagt, das sei ‚normal', also in Ordnung und zum andern die der Regulierung, wenn man von Norm spricht.
Normen regeln die Geschäfte des Alltags, wie durch die Geschäfte des Alltags wieder neue Normen entstehen. Solange Normierung in Bewegung ist, das heißt solange sie einen unabgeschlossen Prozess darstellt, gibt es eine attraktive Normalkultur. Denn es greifen so viele Ebenen im Zuweisen, Verfolgen, Festlegen, Interpretieren und Infragestellen von Normen bzw. Wertschätzungen ineinander,[95] dass keine einfachen Schemata wie Basis und Überbau oder Normalität und Medienmacht als Gegensatzpaar erklären könnten, was die Normierung als Festsetzungen und Modifikationen antreibt. Zwischen der Normalität und dem Außergewöhnlichen besteht demzufolge ein altmodischer, überflüssiger Gegensatz, jedenfalls

---

93 Ein Paradebeispiel für die Diskussion wäre das Medienregime von Berlusconi bezogen auf seine neue Amtszeit als Regierungschef in Italien.

94 Max Horkheimer; Theodor W. Adorno: Kulturindustrie. Aufklärung als Massenbetrug, in: dies.: Dialektik der Aufklärung. Philosophische Fragmente, Frankfurt am Main: Fischer Verlag 1982, S.109

95 Vgl. Robert B. Brandom: Expressive Vernunft. Begründung, Repräsentation und diskursive Festlegung, Frankfurt am Main: Suhrkamp Verlag 2000, S.885

einer, der überwunden werden kann, wenn er es nicht bereits schon ist. Hierzu wurden anhand der Reformulierung der Begriffe Utopie, Bildung und Dialog in diesem Text Hinweise gegeben. Eine Eins-zu-Eins-Übertragung bzw. Reformulierung dieser Begriffe ist nicht möglich. Dadurch würden sie läppisch. Dürfen sie das nicht? „Colonus" ist im Lateinischen eine Bezeichnung für eine Art Bauer, der läppisch und tollpatschig ist, also das Gegenteil von Bauernschläue darstellt, indem vor aller Augen den Tölpel macht. In der Figur des Clowns ist die traurige Gestalt des Tölpels zu einer ‚witzigen' Profession erhoben worden: Shakespeare hatte den Clown als Hofnarr salonfähig gemacht und damit eine Figur des Künstlers erfunden, dessen Narrenfreiheit seitdem ein wenig aus der Mode geraten ist. Der Zeitgeist rechnet es heutzutage aus: Was wollt ihr? Während die Profession des Künstlers heute darin besteht, als ein hoch spezialisierter Experte – angepasst im EU-Regelwerk oder im internationalen Galeriebetrieb – gut zu funktionieren, tritt der Narr als Unterhaltungskünstler im medialen Hof der Comedy-Shows auf. So richtig lustig ist das nicht.

„We use utopia as a catalyst, a concept so much as useful as fuel. We leave the complete definition of utopia to others. We meet to pool our efforts, motivated by a need to change the landscape outside and inside, a need to think, a need to integrate the work of the artist, the intellectual and manual loborers that we are into a larger kind of community, another kind of economy, a bigger conversation, another state of being. You could call this need a hunger.“[96]

Utopie

Kultureller Dialog benötigt unnötigerweise Utopie, um sich selbst im Entwurf zu finden. Was ist von einer in unserer Zeit so widersprüchlichen und abschreckenden Idee wie Utopie noch zu erwarten? Abstrakt und konkret hat es sie schon gegeben. Ist der Utopie-Begriff nach dem Zusammenbruch der sozialistischen Staaten nicht ein für allemal erledigt? Ist Utopie nicht das Wechselgeld des utopischen Austausches? Wenn Utopie dennoch reformuliert werden soll, dann besteht der Clou darin, sie als Strategie, die ihren Anfang und ihr Ende nicht kennt, durchzuspielen.[97] Dazu wird zunächst ein begrifflicher Rückgriff auf Thomas Morus vorgenommen. Hieran schließt sich eine Diskussion der gegenwärtigen Lage an, aus der hervorgehen soll, wie mit dem Begriff umgegangen werden kann, wenn man ihn mit Georg Picht weiterdenkt.

Das Schicksal des Utopie-Begriffes von Thomas Morus ist tragisch: Ausgerechnet einem Nirgends-Ort war es in all seiner Unbestimmtheit beschieden, fester Anhaltspunkt unbekannter Welten zu werden. Wie konnte es dazu kommen? Utopie drängt nicht auf Verwirklichung. Dennoch wurde Utopie kurzer Hand als ein fixierbarer Punkt in beherrschbaren Koordinaten überführt. Utopie erhielt ein Nah- oder Fernziel, irgendwo und irgendwann. In der alten DDR kursierte ein Witz über Utopie als Horizont. Gemeint war damit eine Linie, die sich ständig entferne, wenn man auf sie zuginge. Utopie wäre gemäß dieser Metapher eine nie erreichbare Ziellinie, wie der Horizont, auf den man sich vergebens zubewegt. Technisch liefe das auf den starken Sog eines Fluchtpunktes hinaus, der als Kontinuum fortbesteht: Kino.

---

96 Utopia Station: What is a station?, Text von Molly Nesbit, Hans Ulrich Obrist und Rirkrit Tiravanija, in: Katalog Venedig: Dreams And Conflicts. 50th International Art Exhibition, hg. von la biennale di Venezia, director Francesco Bonami, Venedig: 2003, S.333

97 Auszuschließen ist hier, dass Utopie dazu benutzt wird, eine „lästige Gegenwart“ in die Zukunft zu verschieben.

Grundsätzlich könnte man einwenden, dass man Nah- oder Fernziele sehr wohl erreichen kann. So gesehen wären Utopien machbar. Man legt fest, wo sie sein sollen und wie man sie erreichen will. Man zeigt oder noch besser, man zielt auf sie, wie es die Amerikaner in den 60er Jahren taten, als sie die Apollo Rakete nicht erst einmal links oder rechts an dem Mond vorbeigeschossen haben, bevor sie – nach etlichen vergeblichen Versuchen - auf diesem gelandet sind. Nein, das Ziel wurde planmäßig erreicht. War es auch eine Utopie? Aus der Sicht der Zuschauer war die Mondfahrt eine technische Utopie, die alle beflügelt hat, vor allen den Planer Werner von Braun, der mit der kleinen V2-Rakete begonnen und nun ‚sein' Ziel erreicht hatte. Auch die Utopie war sozusagen auf dem Mond gelandet und damit wieder außer Sicht. Hans Blumenberg sagt für den gleichen Zusammenhang anstelle von Utopie: „Selbsterprobung" und entschärft dadurch die technologische Faszination als Ablenkung. Die Rakete hatte sich in einem übertragenen Sinne auf etwas gerichtet, nämlich gegen sich selbst. *„Sie werden es tun, wenn man sie nicht mit Gewalt daran hindert*, lautet mehr als ein Jahrzehnt nach jenem spektakulären Auftritt des Kommandanten Armstrong vor seinem Mondflug der Tenor vieler Kritiken des Tuns und Treibens in Wissenschaft und Technik. (...) Sie werden sich nicht hindern lassen, es zu tun, weil die gegen die Selbsterprobung des Menschen stehenden Kräfte immer die schwächeren sein werden. Sie werden es tun, wenn nicht hier, dann dort, wenn nicht offen, dann heimlich. Es gibt kein Gesetz, das diesen Geschichtstrieb des Menschen unter dauerhafte und vor allem allgegenwärtige Kontrolle bringen könnte. Es ist leicht jetzt zu sagen, diejenigen seien die Klügeren gewesen, die der Parforcetour zum Mond nur zugesehen hätten; das sagt sich leicht, weil es unterschlägt, dass sie diejenigen gewesen wären, die es getan hätten, wenn es nicht die anderen schon gewesen wären."[98]

Leider geht die „Selbsterprobung" nicht immer so gut aus. Denn die größte Panne hat der reale Sozialismus vor aller Augen vorgeführt: Die sozialistische Utopie wurde auch nicht ansatzweise erreicht, wahrscheinlich noch nicht einmal richtig anvisiert. Das Experiment scheiterte. Wohin hätten aber die gesellschaftlichen Utopien im Wettstreit mit dem kapitalistischen Markt zielen müssen? Auf den Mars? Mindestens!

Gesellschaftliche Utopien scheinen nicht viel zu taugen. Sie haben als Zielvorstellung für alle ausgedient: vorerst, möchte man hinzufügen. Denn wie sollte eine Gesamtanstrengung der Zeitgenossen heute aussehen, die

---

[98] Hans Blumenberg: Die Vollzähligkeit der Sterne, Frankfurt am Main: Suhrkamp Verlag 2000, S.215

den Überschuss aller Kräfte in eine gesellschaftliche Utopie überführen könnte? Und warum auch?[99]
Das Leben ist eine wunderbar arrangierbare Party, der Konsum-Fetischismus - wie Zyniker behaupten[100] - sogar eine weltweit funktionierende, friedliche Religion, solange nur ordentlich gekauft wird. Reicht nicht die unterstellte Konsumreligion aus, um den herrlichen Status Quo in das jeweils nächste Stück Zukunft zu verlängern? Eigentlich schon, muss man zugeben, denn was sollte Utopie schon mehr bringen? Sind wir nicht Apologeten unseres Glücks? Ist Wohlstand nicht ein Spiegel, in dem wir, hoffentlich bald alle, schauen und mit Bewunderung unseren Mut zur Tag-ein-Tagaus-Normalität erblicken? Sind nicht dank neuer Kulturtechniken fast alle Träume wahr geworden? In der gegenwärtigen Fabrikation von Wünschen ist das Märchen vom Schlaraffenland angekommen: luxuriöse Waren und illusionsstarke Bildwelten sind überall mehr oder weniger zu haben. Ist das die Hinterhältigkeit des Kapitalismus, wie Paolo Virno lästert?
Gibt es das ‚irdische Paradies' nicht bereits als Erfahrung im Kaufhaus oder im Kino? Sind nicht alle Wünsche angekommen? Fassbar nah?

Paradoxerweise ist alles da: außer eine Utopie!

Zu kurz gekommen sind - und damit kommen wir auf die hinterhältig positive Seite des Misslingens zurück - Utopien vom Zusammenleben, Vorstellungen wie Gemeinschaften, Multituden, die ihre Beziehungen untereinander und in Abgrenzung zu anderen regeln: Normalkultur.

Der Unterschied gegenüber früher ist: Utopie entsteht durch Gemeinschaften, durch Entwürfe von Einzelnen, durch Modelle, die Individuen und Gemeinschaften zusammen entwickeln, nämlich ihre Ideen, sprich ihre Inhalte und Perspektiven vom Interagieren: Das ist mehr als Alles-läuft-prima, mehr als die Party-geht-weiter. Die Reibungslosigkeit des Funktionierens ist von Selbstorganisation zu unterscheiden. Zumindest ließe sich

---

[99] Dass Utopien immer noch als in die Zukunft verlängerte Alternativen gegenüber zu kompensierenden Defiziten des Status Quo verstanden werden, erklärt auch, warum es keine Utopien mehr gibt.
Rörn Rüsen schreibt: „Wir brauchen utopische Utopien unserer Welt, die über alles Machbare und Beherrschbare hinausgehen, um unserem Handeln einen tragfähigen Sinn zu geben. Wir müssen (nachts) träumen können, um (tagsüber) nüchtern und wachsam unsere Arbeit zu tun. So sollten sich Utopie und pragmatischer Realitätssinn zueinander verhalten."
Jorn Rüsen: Utopie neu denken, in: Rüsen, Jörn; Fehr, Michael (Hg.): Die Unruhe der Kultur - Potentiale des Utopischen, Weilerswist: Velbrück Verlag 2004, S.14
(Utopie neu denken - Plädoyer für eine Kultur der Inspiration, abgedruckt auch in: RÜSEN, Jörn: Kultur macht Sinn. Orientierung zwischen Gestern und Morgen, Köln: Böhlau Verlag 2006, S.241-247)

[100] Vgl. Norbert Bolz: Das konsumistische Manifest, München: Wilhelm Fink Verlag 2002, S.121f.

unterstellen, dass Selbstorganisation mehr ist als bloß eine technische Funktionsbeschreibung, als nur eine Fortentwicklung der Mechanisierung und Steuerung aller Dinge, die es – als technische Frage aufgeworfen - gibt. Gegen Selbstorganisation gibt es prinzipiell nicht viel einzuwenden, wenn dieses Selbst sich eine Aufgabe oder Ziel setzen kann, wenn „eine sich fortpflanzende bildende Kraft" sich selbst organisiert.[101] Beziehungsweise: Utopie ist, was die Gemeinschaften dazu befähigt, kulturell zu funktionieren: Soziale Formen zu generieren und auszutauschen. Utopie ist da angekommen, wo Normalkultur in den Blick gerät.

Greift man das Begriffsverständnis von Utopie auf, das Georg Picht anbietet,[102] ist es möglich, eine Verknüpfung von Analyse und Antizipation vorzunehmen, in deren Bezugsmitte eine bildgebende Kraft, eine metaphorische Energie oder ein kreativer Leitfaden steht, kurz: Utopie.

Georg Picht hat eine Bestimmung von Utopie im Dreierschritt von Prognose, Utopie und Planung vorgenommen. Dabei hat er eine alternative Idee zum strukturierten, organisierten und technologisch basierten Handeln entwickelt. Das sich selbst technisch entwerfende Handeln hat zwar alle Vorteile der Vorstrukturierung und einlösbaren Zielsetzung, aber es hat den entscheidenden Nachteil, wie Picht schon in den 60er Jahren erkannte, dass ergebnisorientiertes Handeln im Ergebnis nicht so ausfällt, wie es gewünscht wird. Die Folgen des generierenden Tuns lassen sich nicht vorherbestimmen. Aus diesem Grund fügt Picht der Projektplanung und vergleichbaren ergebnisorientierten, vorstrukturierten, man möchte anmerken, filmisch vorweggenommenen Prozessen, ein Korrektiv hinzu: Utopie als Offenlegung, worum es geht. Dies mag die gute Absicht gewesen sein, um unvorhersehbare Folgen besser abschätzen zu können. Sie enthält aber auch Zeitgeist. Mir scheint, und das möchte ich nur anmerken, dass in der verfahrenstechnischen Brauchbarkeit von Utopie ein kybernetisches Kalkül enthalten ist. Utopie wäre demzufolge ein idealer Sollzustand, der an einem Ist-Zustand gemessen zu entsprechenden Regelgrößen führt. Utopie als technisches Kalkül bzw. Kybernetik als eingeklammerte Utopie erlaubt beispielsweise die Herstellung des ‚künstlichen'

101 „Ein organisiertes Wesen ist also nicht bloß Maschine: denn die hat lediglich bewegende Kraft; sondern es besitzt in sich bildende Kraft und zwar eine solche, die es den Materien mittheilt, welche sie nicht haben (sie organisiert): also eine sich fortpflanzende bildende Kraft, welche durch das Bewegungsvermögen allein (den Mechanism) nicht erklärt werden kann."
Immanuel Kant: Kritik der Urteilskraft, 1. Aufl., Frankfurt am Main: Suhrkamp Verlag 1974, S.374 (Ausgabe stimmt überein mit Bd. IX und X der Theorie-Werkausgabe von Wilhelm Weischedel).
Siehe auch Otfried Höffe: Kants Kritik der reinen Vernunft. Die Grundlegung der modernen Philosophie, München: Verlag C. H. Beck 2003

102 Georg Picht: Prognose, Utopie, Planung. Die Situation des Menschen in der Zukunft der technischen Welt in: ders.: Vorlesungen und Schriften, hg. von Constanze Eisenbart in Zusammenarbeit mit Enno Rudolph, Stuttgart: Klett-Cotta Verlag 1992, S.1-42

Menschen, wobei natürlich die Utopie eines solchen Menschen definiert werden müsste.
Interessant ist es, den angesprochenen Gedanken der Offenlegung mit Immanuel Wallersteins Reformulierung von Utopie als Utopistik zu kontrastieren: Transparent wären somit vor allem die Zusammenstellung der Mittel und Werkzeuge, die gebraucht werden sowie der Modelle, die nötig, aber noch nicht bekannt sind.[103] Hier reduziert sich der utopische Vorgriff, das emphatische „Noch nicht" von Ernst Bloch,[104] auf eine ernüchternde Offenlegung, die dabei ist zu beschreiben, was fehlt.

Erweitert man Pichts Forderung einer ausgangsoffenen und prozessanleitenden Utopie, ist es nahe liegend, diese Aufgabe oder Rolle der Kultur, der Kunst zuzuschreiben. Man kann diese Zwischenstellung der Utopie, die zwischen Prognose und Planung bis hin zum Resultat kritisch vermittelt, mit Vilém Flussers Idee einer Projektion diskutieren. So hat Flusser „Aufrichtigkeit" als mehrdeutiges Bildwort, als einen utopischen Selbstentwurf gedeutet: „Vielleicht sind wir dabei, uns aufzurichten und durch die Baumkronen hindurch in Höheres zu gelangen? Global statt semiglobal zu sehen?"[105] Es ist ein Spiel mit Worten, nicht mehr und nicht weniger: Ist es nicht chic zu sagen, es sind nur Worte, die gewechselt werden? Verbindet man jedoch dieses wie jedes andere Spiel mit der Realität, d.h. die Sprache mit den wirklichen Dingen,[106] wird jene schnell zum Spielverderber. Anders gesagt: Wenig chic ist, wenn man von den Sprach- in den Handlungsraum überwechselt, wenn man in der Lage ist, beide zu verbinden. Im Sprachraum gilt: man kann Worte eben nur gegen Worte tauschen. Beispielsweise: Aufrichtigkeit mit Projektion,[107] Selbstorganisation mit Utopie verknüpfen. Im Handlungsraum gilt: man kann Dinge und Aktionen nur gegen Dinge und Aktionen tauschen. ‚Man' kann direkt tau-

---

103 Darauf weist Immanuel Wallerstein im Gespräch mit Molly Nesbit, Hans Ulrich Obrist und Rirkrit Tiravanija hin: Meeting with Immanuel Wallenstein, in: Katalog Venedig: Dreams And Conflicts. 50th International Art Exhibition, hg. von la biennale di Venezia, director Francesco Bonami, Venedig: 2003, S.372, 380
Siehe auch Immanuel Wallerstein: Utopistik. Historische Alternativen des 21. Jahrhunderts, Wien: Promedia Verlag 2002

104 Ernst Bloch: Das Prinzip Hoffnung, Erster Band, 1. Aufl., 3 Bde., Frankfurt am Main: Suhrkamp Verlag 1973, S.143

105 Vilém Flusser: Vom Subjekt zum Projekt, Menschwerdung, Schriften Bd. 3., hg. von Stefan Bollmann und Edith Flusser, Düsseldorf: Bollmann Verlag 1994, S.263

106 Dies wäre mit Michel Foucault gesprochen, das ‚fundamentum in re'.

107 Kino für den Intellekt: „Der werdende Mensch überwindet seinen Körper eben nicht durch Gewalt, wie dies Raketen, Kondore oder Erzengel tun, sondern listigerweise durch Hebel. Er will aus der Halbkugel, in die er gestürzt ist, in die Sphäre zurück, in welcher er innerhalb der Baumkronen wohnte, aber nicht gewaltsam."
Vilém Flusser: Vom Subjekt zum Projekt, Menschwerdung, Schriften Bd. 3. hg. von Stefan Bollmann und Edith Flusser, Düsseldorf: Bollmann Verlag 1994, S.271

schen oder übersetzen, was man in den Dingen vorfindet.[108] Wir wollen an dieser Stelle nur über den Wechsel im Handlungsraum ‚sprechen'. Wie dieser vollzogen wird, entscheiden diejenigen, die ihre ‚Sprechfähigkeit' aktivieren, die übersetzbar sind und dadurch sich und andere bilden. Um zu diesem Kreis zu gehören, um über diese Sprechfähigkeit zu verfügen, bedarf es keiner weiteren Voraussetzungen, aber es wäre falsch zu glauben, man könne sich dieser Bildungsfähigkeit einfach bemächtigen oder sie sich aneignen, ohne dass ein Austausch mit der Realität stattfände:

Naiverweise könnte man annehmen, dass die Bildungsfähigkeit durch Kultur und Kunst eine konkrete Utopie sein könnte, die dem tradierten Kultur- und Kunstverständnis eine soziale Form, eine Option zwischen Artefakt und Leben zubilligen würde. Warum kann ein bildungsstarkes Europa nicht eine Utopie für alle sein? Was spricht gegen diesen Traum? Kultur könnte in ihren jeweiligen und zukünftigen Manifestationen etwas für alle sein, die sie hervorbringen und die unter ihr leiden, für diejenigen, die wissen, was sie an ihrer Bildung haben und für diejenigen, die es vielleicht noch nicht einmal wissen, dass sie zu kurz kommen, weil sie noch nicht eine Sprache dafür gefunden haben. Dies würde natürlich voraussetzen, dass man in Gruppen und ihren Ideen oder in Multituden, die in Netzwerken operieren, Vertrauen investieren müsste. Wäre das schlau? Hält man sich an das, was man bereits kennt und bleibt gegenüber Veränderungen misstrauisch, stellt man fest, dass die Faszination des Alten im Gewand des Neuen gut funktionierenden Reflexen gehorcht, die gesellschaftlich fabriziert und kollektiv vollzogen werden. Was aber wäre, so kann man weiter fragen, wenn einmal das Gegenteil unterstellt und in dem automatischen Reflex (Konsum, das Neue) ein kollektives Potential erkennt, welches bereits weiter über den derzeitigen gesellschaftlichen Zustand hinausweist, nur ‚seine' soziale Form noch nicht gefunden habe.

Fiele nur allen gleichermaßen die Option zu interessanten Optionen zu, gäbe es auch eine Kultur für alle. Weltbildung, Weltliteratur, Weltkunst, Weltmusik. Weltbildung.

Ganz anders als man vielleicht glauben mag, stellt sich z.B. Europa topographisch dar: Weil dem heutigen Europa die Symbiose bzw. die Austauschbarkeit von Utopie und Bildung fehlen, ist es wieder ein weißes Land, ein Nirgendwo-Ort geworden. Europa ist also trotz aller falschen und fatalen Strategien sich einzurichten, eine Terra Incognita: Die kulturelle Revolte ist ein Subjekt, welches der Masse ihren Kopf abgeschlagen hat.

---

108 „Jeder Mensch ist ein Künstler." Sofern er als Bildender zwischen Artefakt und Leben zu vermitteln weiß.

Das gegenwärtige Europa ist ein Nirgendwo-Land, es ist ‚reine Utopie'.

Wie kann das zusammengehen? Einerseits wurde festgestellt, dass der Sieg des globalen Kapitalismus nach dem Zusammenfall der Sowjetunion utopielos ist, anderseits wird nun behauptet, dass die Auslöschung des Utopischen Europa zu einem Musterland des Nirgendwo, sprich zu einem Ort unerreichbarer Utopien gemacht hat. Damit wäre das gegenwärtige Europa utopisch utopielos, was sich aus dem tradierten Verständnis von Bildung und Utopie ableiten ließe. Nimmt man diese Sicht ein, erübrigen sich gängige Strategien, die allein durch Planung und Prognose zu haben wären. Ein Umdenken ist angesagt, in dem Strategien reflexiv werden, was aber richtig bedacht auch nur in der Hand transparenter bzw. offener Verwendung von Methoden und Modellen, sprich Strategien, liegen dürfte.

Soziale Wahlverwandtschaft

Betrachten wir im Folgenden, was gesellschaftliches Handeln antreibt, wie soziale und künstlerische Formen entstehen. Einerseits hebt sich die soziale Form ab von der politischen Form der künstlerischen Intervention.[109] Andererseits lässt sie sich z.B. auf die soziale Plastik, wie sie Beuys initiiert hat, beziehen. Sie definiert sich als ein Werk sozialer Beziehungen, die künstlerische Strategien verfolgen. Soziale und künstlerische Form funktionieren unter technischen Bedingungen, wozu auch die technischen Beziehungen von gesellschaftlichen Netzwerken zählen. Immerhin lässt sich schon soviel erkennen, dass die soziale Form eine kulturelle Handlung als Idee umfasst, die nicht in Aktionismus aufgeht. Was aber könnte diese Idee sein?

Kann man von Muhammad Yunus und seiner Idee der Kleinst-Kreditvergabe ohne Sicherheiten an mittellose Leute in Bangladesch lernen? Die Faszination besteht darin, dass eine Vermutung oder Hoffnung den Ausschlag dafür gibt, dass ausgeliehenes und richtig eingesetztes Geld wieder an die Bank zurückfließt, auch wenn die Kreditnehmer, arme Frauen der Landbevölkerung, keine Sicherheiten bieten können. Yunus beweist, dass ein sozial motivierter Kapitalhandel funktioniert. Um die Idee, die Resultate und Erfolge von Yunus zu diskutieren, möchte ich einen Aufsatz von Niklas Luhmann aus dem Jahre 1973 hinzuziehen: „Formen des Helfens im

---

109 Beispielhafte künstlerische Interventionen gingen z.B. in den letzten Jahren von der Townhouse Gallery in Kairo oder von The Trinity Session in Johannesburg aus.
http://www.thetownhousegallery.com/
www.onair.co.za

Wandel gesellschaftlicher Bedingungen."[110] Der Aufsatz beginnt damit, dass ‚Helfen' aus dem kulturellen Kontext und damit Vorverständnis herausgenommen wird. „Unseren Ausgangspunkt wählen wir vielmehr in der Hinsicht, daß Helfen nur zustande kommt, wenn und soweit es erwartet werden kann (...)." Damit ist die Richtung von dem, der Hilfe gewährt, hin zu dem, der Hilfe braucht, verschoben. Genau das hat Yunus praktiziert. Er hat die Befähigung zur Hilfe in der Selbstständigkeit von Armen erkannt, die einen Kredit durchaus in der Lage und Willens sind, mit einer 98%igen Quote zurückzuzahlen und damit mehr Zahlungsmoral beweisen, als das bei reichen Kreditnehmern der Fall ist.

Indem Yunus herausfand, dass Armut allein durch wirtschaftliche Mittel zu beseitigen ist, hat er die Sicht auf Ausbeutung reformuliert: „Jede Gesellschaft hat ihre Wucherer. Solange die Armen von den Geldverleihern abhängen, kann kein Wirtschaftsprogramm den Enteignungsprozeß aufhalten."[111] Um seine Ziele zu erreichen, hat der einstige Wirtschaftsprofessor Yunus, wie er selbst sagt, die „Perspektive eines Regenwurms" angenommen, hat er gelernt, seine Grundeinsichten praktisch werden zu lassen, Theorien zu verlernen und erkannt, dass Armut ein Widerspruch gegenüber allen menschlichen Grundrechten ist.[112] Mit anderen Worten: Yunus war von Anfang an der treibende Motor seiner Ideen, er hat sie langsam umgesetzt. Die Versuchsphase war 1976-1979, die Aufbauphase 1979-1983, und die Gründung der Grameen Bank erfolgte am 2. Oktober 1983.

Wie auch Luhmann spricht Yunus sich dafür aus, Helfen von Mildtätigkeit, Almosen- bzw. Spendenvergabe oder gar Entwicklungshilfe rigoros abzugrenzen.[113] Durch Spenden und Almosen erkauft sich der Helfende eine Rolle, die mit der Situation der Hilfebedürftigen wenig zu tun hat. Luhmann versteht unter „Hilfe" einen „zeitlichen Bedarfsausgleich". Damit ist es möglich, asymmetrische Verhältnisse in sozialen Beziehungen strukturell und zeitlich in den Wandel gesellschaftlicher Bedingungen zu beschreiben. Luhmann unterscheidet den Zeithorizont von „archaischen, hochkultivierten und modernen Gesellschaften". Über den gegenwärtigen Zeithorizont heißt es bei Luhmann, wobei er die Spezialisierung und Professionalisierung des Helfens vor Augen hat: „Damit wird Hilfe in nie zuvor erreichbarer Weise eine zuverlässig erwartbare Leistung, gleichsam Sicherheits-

---

110 Niklas Luhmann: Formen des Helfens im Wandel gesellschaftlicher Bedingungen, in: Hans-Uwe Otto; Siegfried Schneider (Hg.): Gesellschaftliche Perspektiven der Sozialarbeit, Bd. 1: Gesellschaftliche Formen des Helfens, abweichendes Verhalten und soziale Kontrolle, Theorie-Praxis-Probleme, 2 Bde., Neuwied: Luchterhand Verlag 1973, S.134-149

111 Muhammad Yunus: Für eine Welt ohne Armut. Die Autobiographie des Friedensnobelpreisträgers, Bergisch Gladbach: Bastei Lübbe Verlag 2006, S.22

112 Ebda., S.24

113 Ebda., S.42

horizont des täglichen Lebens auf unbegrenzte Zeit in den sachlichen Grenzen der Organisationsprogramme, deren jeweiligen Inhalt man festlegen kann."[1]
Man muss hier genau hinhören, um die Kratzer der Selbstbezüglichkeit zu bemerken. Westliche soziale Sicherheitssysteme haben einen Haken, einen immanenten Fehler, denn sie wollen helfen, beispielsweise durch Arbeitslosen-HILFE davon ablenken, wozu die Steuerungsmöglichkeiten des Systems selbst nicht in der Lage sind:[2]
Arbeit in zeitgemäßer Form zu schaffen.
Das kann nur ein falscher Ansatz sein, wie Yunus zu Recht die Hilfelogik des Sozialsystems in europäischen Demokratien kritisiert, wobei ihm mit Luhmann entgegen zu halten ist, dass Yunus vorerst nur den Zeithorizont hochkultivierter Gesellschaften, nicht aber den moderner, befolgen muss.[3]

Luhmann hat den Systemfehler selbst auf den Punkt gebracht: „Schließlich hat gerade die Effektivität und Zuverlässigkeit organisierten Helfens eigene dysfunktionale Folgen. Durch Programmierung der sozialen Hilfe gerät nichtprogrammiertes Helfen in die Hinterhand. (...) Die Vermutung besteht, daß jedem Hilfsproblem eine zuständige Stelle entspricht, und daß jemand Hilfe eigentlich nur noch braucht, um diese Stelle zu finden. Nächstenliebe nimmt damit die Form einer Verweisung an. Gerade darin liegt die Gefahr, weil nicht jede Art von Notlage organisatorisch zu steuern ist."[4]

‚Hilfestellung' kann aber auch von einer ganz anderen Seite erfolgen, so möchte ich einen kleinen Exkurs rhetorisch einleiten, um auf eine Idee von Peter Kropotkin aufmerksam zu machen. Der russische Anarchist Kropotkin publizierte 1914 ein „utopisches" Modell „gegenseitiger Hilfe". Dabei bezog er sich u.a. auf biologische Systeme, in denen die Koordination der Gemeinschaft eine überindividuelle Leistung ist. Er entwickelt diesen Gedanken in Abgrenzung zum darwinistischen Modell des Kampfes um das Überleben. „In der Bestätigung gegenseitiger Hilfe, die wir bis in die ersten Anfänge der Entwicklung verfolgen können, finden wir also den posi-

---

114 Niklas Luhmann: Formen des Helfens im Wandel gesellschaftlicher Bedingungen, in: Hans-Uwe Otto; Siegfried Schneider (Hg.): Gesellschaftliche Perspektiven der Sozialarbeit, Bd. 1: Gesellschaftliche Formen des Helfens, abweichendes Verhalten und soziale Kontrolle, Theorie-Praxis-Probleme, 2 Bde., Neuwied: Luchterhand Verlag 1973, S.141

115 Ist es kein Subjekt, welches dem System „sagt", was es anders machen soll, muss man dem System, welches sich in seinen Teilbereichen ausdifferenziert, zubilligen, wie ein Subjekt zu handeln bzw. ohne diese auskommen zu können.

116 Siehe Muhammad Yunus: Für eine Welt ohne Armut. Die Autobiographie des Friedensnobelpreisträgers, Bergisch Gladbach: Bastei Lübbe Verlag 2006, S.230

117 Niklas Luhmann: Formen des Helfens im Wandel gesellschaftlicher Bedingungen, in: Hans-Uwe Otto; Siegfried Schneider (Hg.): Gesellschaftliche Perspektiven der Sozialarbeit, Bd. 1: Gesellschaftliche Formen des Helfens, abweichendes Verhalten und soziale Kontrolle, Theorie-Praxis-Probleme, 2 Bde., Neuwied: Luchterhand Verlag 1973, S.144

tiven und unzweifelhaften Ursprung unserer Moralvorstellungen; und wir können behaupten, daß in dem ethischen Fortschritt des Menschen der gegenseitige Beistand - nicht gegenseitiger Kampf - den Hauptanteil gehabt hat. In seiner umfassenden Bestätigung - auch in unserer Zeit - erblicken wir die beste Bürgschaft für eine noch stolzere Entwicklung des Menschengeschlechts."[5] Kropotkin subsumiert grundsätzlich alle historischen Formen von Gemeinschaftsbildung vom „urchristlichen Zusammenhalt" bis zur Gründung von Vereinen und Genossenschaften in seiner Zeit unter diesem Impuls, der aus Abwendung von Not hervorgeht und zugleich einem moralisch idealisierten, immerwährenden Gemeinschaftsimpuls folgen soll.[6] Die Frage, die sich im Anschluss an Krotopkin etwa bei französischen Situationisten Mitte des 20. Jahrhundert um Guy Debord stellte, war - unabhängig von Kropotkin, ob ein solcher Gemeinschaftimpuls steuerbar ist, ob zwanglose Gegenseitigkeit und Spontaneität sich situativ konstruieren (erzwingen) lassen. Damit verbindet sich ganz allgemein die Frage, wer unter welchen Prämissen den Anstoß für eine gesellschaftliche Veränderung gibt. Auch das ist bis in unsere Tage hinein ein Wunschdenken sich selbst definierender Gruppen als gesellschaftliche Vorhut. Dass Kropotkin ein anarchisch gemäßigter Vordenker war, spricht nicht gegen seine Beobachtung, dass „gegenseitige Hilfe" ein überindividuelles Prinzip sein kann, welches mit sozialer Kreativität verbunden, durchaus gemeinschaftsfördernde Dynamiken entfalten kann. Möglicherweise müsste man heutzutage „gegenseitige Hilfe" weiter ‚idealistisch' abstrahieren, beispielsweise eine utopisch-kreative Rolle des Geldes als soziale Kraft entwickeln. Helfen muss man sich aber auch selbst können: Wer nicht dauernd einer Arbeit nachgeht, könnte sich Saisonarbeiter wie Seeleute oder Erntehelfer zum Vorbild nehmen, die in der ‚Nebensaison' Heimwerker oder auf der Suche nach einem anderem Einsatz waren. Das aber hieße, Selbsthilfe wäre auch Motiv für Selbstbeschäftigung.

Kehren wir zu der oben aufgeworfenen Frage zurück. Kann man also von Yunus lernen? Die Antwort kann nur heißen: ja. Denn alles andere wäre Ignorierung oder gar Herablassung, es besser wissen zu wollen. Im Ausgleich, im Transfer und im Tausch können unterschiedliche Regeln gelten.

---

118 Peter Kropotkin: Gegenseitige Hilfe in der Tier- und Menschenwelt, dt. Ausgabe besorgt von Gustav Landauer, mit einem Nachwort neu hg. von Henning Ritter, Grafenau: Trotzdem Verlag 1999, S.271

119 Henning Ritter schreibt: „'Gegenseitige Hilfe' ist nicht nur ein ‚Entwicklungsfaktor', durch welchen sich langfristig ‚soziale Gewohnheiten' herausgebildet haben und noch herausbilden, sondern zugleich handelt es sich dabei um einen spontanen, in Notlagen immer aktivierbaren Handlungsimpuls, der auch seine eigenen Äußerungsformen unvermittelt aus sich heraussetzt."
Henning Ritter: Nachwort, in: Peter Kropotkin: Gegenseitige Hilfe in der Tier- und Menschenwelt, dt. Ausgabe besorgt von Gustav Landauer, mit einem Nachwort neu hg. von Henning Ritter, Grafenau: Trotzdem Verlag 1999, S.318f.

Dass aus sehr wenig viel geschehen kann, ist qualitativ zu verstehen. Dass aus mehr nur mehr entstehen kann, ist quantitativ zu werten.
In diesem Sinne ist die Kleinkreditvergabe auch ein Vorbild für das Projekt Europa. Weil es in Europa mehr Reichtum als Armut gibt, ist der ökonomisch-soziale Erfolg auch ein kultureller Erfolg. Was aber soll man von einer Kultur halten, die in der Optimierung ästhetischer Versorgungsleistungen gipfelt?
Das Gegengift wären viele Klein-Projekte, die eine ansteckende Verbreitung erfahren, die sich gegen den kulturellen Terror von Mehr zu immer Mehr zur Wehr setzen. Aber wie? Und wer steht als Sozial- bzw. Kulturunternehmer dafür ein?[120] Selbsthilfe ist demzufolge angesagt, um eine Umwertung des Bezugsrahmens zu erarbeiten: Das Ich, jeder Einzelne ist tendenziell ein sozialer Entwurf, eingebunden in einer Lebenswelt, deren Lebensform fließend und dynamisch ist. Bricht der Einzelne - sei er nun Sozialvieh oder Karriereschwein, Gewinner oder Verlierer im sozialen Gefüge - mit dem Schema seiner Determiniertheit, treten sowohl die eigenen Möglichkeiten als auch Beschränktheiten zutage: eine Art Selbsterkenntnis im System kultureller, sozialer und ökonomischer Versorgungsleistungen. Ein Normalitätscheck, in dem die Definition des Einzelnen über die beruflichen Stellung und gesellschaftliche Einschätzung durch andere, obsolet sein müsste. Wie dieser Check im Einzelnen ausfällt, hängt davon ab, welchen Bezugsrahmen der Einzelne als Realität erfährt. Die Bewertung des eigenen Status und des gesellschaftlichen Status Quo hängt wiederum von der Bewertung ab, ob dieser optimistisch oder pessimistisch empfunden wird. Von daher gibt es neben einer faktischen auch eine emotionale Seite der Realitätserfahrung, gibt es neben der Einzelsicht auch Mehrheitsmeinungen, die sich in Statusoptimisten und Statuspessimisten statistisch aufteilen lassen. Realität ist für jeden immer nur ausschnittsweise zu haben. Überträgt man diesen Gedanken des Realitätsausschnitts einmal auf das Analyse-Instrument der Systemtheorie, wären die Einzelnen blind gegenüber den tatsächlichen Verhältnissen, in denen sie leben. Es wäre ihnen nicht möglich, ihre Unzulänglichkeit auf dieser Ebene zu begreifen. Sie müssten sich als Handelnde und Leidende beobachten können. Das heißt, sie müssten eine begriffliche Optik für Normalkultur entwickeln. Die Frage allerdings ist, ob sich aus der Bestandsaufnahme etwas ergibt, wenn die Abhängigkeit durch die Versorgungsinstanzen so mächtig ist. Die Antwort kann nur heißen: Aus der möglichen Bestandsaufnahme geht kein Impuls hervor, der Abhilfe schaffen will, ansonsten wären diejenigen, die in der Leiter Versorgungsleistung unten stehen und von ihr abhängig sind, mit ihrer Lage nicht so wie gelähmt einverstanden. Soziale und kulturelle Verunselbstständigung ist ein Ergebnis der Versorgungsleistungen in westlichen Demokratien: Es ist schon merk-

---

120 Sozialunternehmer - social entrepreneurs - gibt es seit der Gründung von Ashoka 1980 durch William Drayton viele, unüberschaubar vielfältig, wie eine Eingabe bei google lehrt.

würdig, um nicht zu sagen pathologisch, wie die Doppelbedeutung von Unterhalt und Unterhaltung ineinander greifen.

Will man den Realitätscheck auf der Höhe einer Einsicht in die Bedingungen der sozialen Lebensform halten, muss man mal für einen Moment inne halten und fragen, ob man den vielen Einzelnen überhaupt noch zutraut, Normalität zu erkennen und mit ihr selbstständig, sprich normal umzugehen? Deshalb sollte man die Sicht umkehren und versuchsweise einmal fragen: Kann man Normalität überhaupt überbieten? Ist Normalität heutzutage nicht das eigentlich Interessante? Wirft nicht ein bekanntes Foto wie das von dem Schriftsteller Heiner Müller, wie er auf dem Balkon seiner Plattenbauwohnung in Berlin-Marzahn steht und eine Zigarre raucht, einen Spot auf ein normales Umfeld? Ja, einen sympathischen, wie ich finde. Irgendwie ist diese Normalität aufregend, weil sie ein Bekenntnis zu Dingen, wie sie sind, darstellt. Für Normalität spricht, dass sie weder einen Mangel kompensiert, noch einen Boom anvisieren will. Sie fällt sozusagen nicht ins Extrem des Ausweichens aus einem Zustand, der als solcher erst einmal auszuhalten ist.
Diejenigen, die einwenden, dass die normalen Verhältnisse auch nur das bleiben, was sie sind, nämlich der alltägliche Hintergrund sozialer Wirklichkeit, wird man entgegnen müssen, dass man sich die normalen Gegebenheiten nicht aus der Hand nehmen lassen braucht und dass man gar nicht weiß, was Normalität ist, was man an ihr hat und wie sie sich modifizieren lässt. Sie ist da und mit ihr lässt sich etwas anstellen, jedenfalls mehr, als gleich wieder eine neue Ablenkung zu konstruieren, um den normalen Verhältnissen dem Anschein nach zu entkommen. Was könnte das aber sein?

Soziale Wahlverwandtschaften – so könnte eine Antwort lauten. Die Frage ist nur, ob dadurch nicht eine andere Form von Abhängigkeit konstruiert wird. Denn die Unmündigkeit bzw. Entmündigung durch die Verinnerlichung von sozialen und kulturellen Versorgungsleistungen soll ja nicht in eine neue Abhängigkeit überführt werden. Die Verankerung der bürgerlichen Zweiergemeinschaft als staatstragende Säule und als freie Liebesbeziehung ist ein beliebtes Thema mit dem Aufkommen des Romans im 18. Jahrhundert gewesen. Goethes diskurstauglicher Roman „Die Wahlverwandtschaften" liefert uns einen Hinweis darauf, wie emotionale und geistige Einschränkungen in herrschenden Formen des Zusammenlebens aufgebrochen werden können, vergleichbar chemischen Substanzen oder physikalischen Kräften, die ihre Bestimmung im Sinne von Verbindung zu verwandten Substanzen oder Kräften in sich tragen: Durch die Abstraktion gesellschaftlich moralischer Muster des Zusammenlebens, wie sie im Bund der heiligen Familie sanktioniert sind und deren Ende Karl Marx zukunftsgelassen attestiert,[121] erhalten die teilweise bewussten, teilweise unbewussten Anziehungskräfte eine neue Qualität. Im Konzept der Wahlverwandtschaften regeln sich die Zuneigungsformen und Bindungen der Liebenden jenseits der gesellschaftlichen Konventionen. Die Liebenden in Goethes Roman scheitern, weil die gesellschaftlichen Konventionen stärker sind. Dennoch ist sein Roman ein Plädoyer für ‚emotionale' Freiheit.

Wie lassen sich die Idee Wahlverwandtschaften und das Konzept der ‚subjektiven' Freiheit auf unsere Zeit übersetzen? Der erste Gedanke wäre, dass zwischen Individuen, die ihren Antrieb überprüfen, sich aufeinander einzulassen, Wahlbeziehungen schon geschaltet sind und von daher nur geknüpft werden brauchen. Dies stünde in Analogie zur freien Partnerwahl, ginge jedoch darüber hinaus. Man muss den Gedanken einer individuell sich ‚verbindenden Chemie' zwischen Leuten weiter fassen und die Idee der Wahlverwandtschaft auf einer abstrakten Ebene von Methoden, Modellen und experimentellen Formen ansiedeln, die Einzelne oder Gruppen auswählen, um zueinander zu finden. Wie auch immer zeitgemäße Adaption aussehen mag: Ich bin der Auffassung, dass Wahlbeziehungen keinen Automatismus darstellen, vielmehr freie Optionen darstellen, die das derzeitige Defizit sozialer Phantasie nicht einfach kompensieren wollen. Das kann man am besten durch einen weiteren Literaturvergleich verdeutlichen, indem man Goethes Trauerspiel „Faust" mit in die Diskussion einbezieht. Oskar Negt hat sich mit der Figur des „Faust" auseinandergesetzt: „Goethe macht Faust zu einem frühkapitalistischen Unternehmer, der noch nicht *innerhalb* der Regeln entfalteter Warenproduktion agiert (...)."[122] Der Faustsche Unternehmergeist wird an folgender Passage festgemacht: „Herrschaft gewinn ich, Eigentum! Die Tat ist alles, nichts der Ruhm!" (10181/88) Nicht nur dieser Maxime widmet sich Negt, um die Karriere des Faust vom Intellektuellen zum gescheiterten Unternehmer nachzuzeichnen.[123] Man kann verstehen, dass Negt sich gegen

---

121 In die Zukunft geschaut schreibt Karl Marx über das Geschlechterverhältnis:
„Was wir also heutzutage vermuten können über die Ordnung der Geschlechterverhältnisse nach der bevorstehenden Wegfegung der kapitalistischen Produktion ist vorwiegend negativer Art, beschränkt sich meist auf das, was wegfällt. Was aber wird hinzukommen? Das wird sich entscheiden, wenn ein neues Geschlecht herangewachsen sein wird: ein Geschlecht von Männern, die nie in ihrem Leben in den Fall gekommen sind, für Geld oder andre soziale Machtmittel die Preisgebung einer Frau zu erkaufen, und von Frauen, die nie in den Fall gekommen sind, weder aus irgendwelchen andern Rücksichten als wirklicher Liebe sich einem Mann hinzugeben, noch dem Geliebten die Hingabe zu verweigern aus Furcht vor den ökonomischen Folgen. Wenn diese Leute da sind, werden sie sich den Teufel darum scheren, was man heute glaubt, daß sie tun sollen; sie werden sich ihre eigne Praxis und ihre danach abgemeßne öffentliche Meinung über die Praxis jedes einzelnen selbst machen – Punktum."
Karl Marx: Der Ursprung der Familie, des Privateigentums und des Staats, in: MEW, Bd. 21, Berlin: Dietz Verlag 1993, S.83

122 Oskar Negt: Die Faust-Karriere. Vom verzweifelten Intellektuellen zum gescheiterten Unternehmer, Göttingen: Steidl-Verlag 2006, S.204

123 Vgl. ebda., S. 132, 136, 137, 149, 150

eine unkritische Adaption von Faust in unsere Zeit wehrt: Der Faustsche Unternehmer als Daseinszweck für alle ist politisch unverantwortlich, weil er ohne soziales Gewissen auskommt. Dieser Einwand ist berechtigt, aber halbherzig. Nicht berücksichtigt ist die regulative Kraft von Gesetzen, die der Willkür des Einzelnen Schranken setzen, auch wenn die Idee des Unternehmers als Wildwest-Held, der sich nach eigenen Regeln durchsetzt, noch in vielen Köpfen vorherrschen mag. Abgesehen von dieser grundsätzlichen Erörterung freien Handelns, wundert man sich, warum Oskar Negt die Unternehmer-Karriere nicht jedem in der Gesellschaft zubilligt und diesen für alle offenen Weg in Gedanken durchspielt. Deshalb noch einmal ganz einfach gefragt: Wie lauten die Kriterien, die festlegen, von einem Unternehmer als Beruf für Jedermann zu sprechen? Nicolas Hayek, der Gründer der Swatch-Group, definiert den findigen, weltmännischen Unternehmer in Abgrenzung zum geschulten Manager und zum alteuropäischen Unternehmer so: „Ein Unternehmer ist ein innovativer Mensch, der Mut zum Risiko hat und in den meisten Fällen sein eigenes Geld investiert. Er ist außerdem ein Künstler, der neue Produkte, neue Arbeitsplätze, neue Reichtümer schafft und dies ans Publikum kommuniziert. Der Manager, den wir im Moment eher züchten, übernimmt einen laufenden Betrieb, spielt mit dem Geld anderer Leute, hat seine Pensionskasse und versucht die Firma – wie er dies an irgendeiner Hochschule oder Universität gelernt hat – zu führen.“[124]

Prinzipiell kann jeder als Unternehmer im kapitalistischen Markt agieren, aber es kommt nach dieser Definition nicht jeder dafür in Frage. Und wie man sieht, ähnelt das ‚Berufsbild' des Unternehmers dem des erfolgreichen Künstlers. Beiden gelingt etwas Besonderes. Wenn man aber darauf beharrt, dass jeder als Unternehmer in Betracht zu ziehen ist, weil es normal ist, selbstständig zu sein, müsste sich das auch auf die Regeln, die Beteiligten und die Produkte des Marktes auswirken. Diese müssten sich zwangsläufig verändern. Sind alle gleichermaßen Schöpfer, Gestalter und Unternehmer, könnte die faustsche Antriebskraft, – die man gemeinhin auf den ‚Instinkt', Geld zu machen und Macht zu gewinnen, reduziert, – sich über die eigensinnigen Köpfe der Beteiligten differenzieren, möglicherweise in Richtung einer Fürsorge für die Gemeinschaft. Dies ist im kleinen schon ein Geschäft von ‚Hausfrauen'. Heimarbeit ist sowieso wieder im Kommen, so wie auch Hausarbeit keine geschlechtsspezifische Tätigkeit ist.[125] Es ist ja nicht gesagt, dass die ‚faustschen' Antriebskräfte

---

124 Was ist ein Unternehmer? Fragen an einen, der es wissen muss: Nicolas Hayek, Gründer der Swatch Group, Retter der Schweizer Uhrenindustrie und quicklebendige Legende, Text von Gabriele Fischer, in: brand eins 4/2005 http://www.brandeins.de/home/inhalt_detail.asp?id=1674&MenuID=130&MagID=62, Stand Januar 2008

125 Ohne eine fundierte Reformulierung kulturell vorentschiedener, geschlechtspezifischer Rollenverteilungen ist eine Re-Organisation von Formen der Arbeit naiv, bleiben soziale Experimente „sprachlos“.

automatisch nach Höherem streben müssen. Reicht der Normalzustand nicht aus? Muss man immer gleich den Ausnahmezustand anvisieren? Soziale Phantasie ist ausreichend attraktiv im Normalzustand, zumal dann, wenn sie von sich aus operiert und ohne vorgegebene Klischees wie „reich, schön und berühmt" auskommt. Die Frage hierbei ist vor allem, wer die Ziele bzw. die Inhalte unternehmerischer Antriebskräfte bestimmt. Soweit an dieser Stelle zu dem literarisch reformulierten Konstrukt der Wahlverwandtschaft und dem faustschen Unternehmertum, die bei Goethe getrennt voneinander angedacht wurden.

Neue Formen der Gemeinschaft entstehen nicht am Schreibtisch, sie bedürfen eines gesellschaftlichen Aktionsfeldes. Möglicherweise ist soziale Wahlverwandtschaft in Ansätzen viel mehr vorhanden, als man vermutet, d.h. vielleicht gibt es die Bereitschaft, sozial eigenverantwortlich zu experimentieren bereits, jedenfalls ist das einmal zu unterstellen. Dass es Affinitäten zwischen Leuten gibt, die kulturell eingeübte Trennung von Wohnen, Arbeiten, Freizeit und Hobbys aufzuheben und gemeinsam ein offenes Beziehungsfeld zu gestalten, soll einmal vorausgesetzt werden. Was jedoch fehlt, so ist weiterhin zu vermuten, ist die konkrete Absicht, soziale Experimente einzugehen, Vertragsformen für das Zusammenleben bis hin zu einer funktionierenden Betriebsform aufzustellen, die regelt, wie innere und äußere Beschäftigungsverhältnisse sozialer Partnerschaften aussehen sollen. Den Anfang dazu müssten einige Vorreiter machen, die in den Städten oder auf den Dörfern beispielhaft tätig sind. Schaut man sich diesbezüglich um, so wird man sicherlich fündig und entdeckt Initiativen,[126] die vor allem im Bereich ökologischer Kleinunternehmen angesiedelt sind. Damit jedoch eine Breitenwirkung entstehen kann, bedarf es einer übergreifenden europäischen Idee, einer transkulturellen Informationsbörse, in der Glück, Gewinn und Geld gehandelt werden. Sozialer Austausch kann über das Internet erfolgen, in dem sich Netzwerke abbilden lassen. Mehr aber auch nicht.[127] Die technischen Kommunikations-

---

126 Es wäre sicherlich ein eigenes Projekt, eine systematische Übersicht vor allem kultureller Initiativen zusammen zu stellen. Dies wäre meiner Meinung jedoch nur sinnvoll, wenn von lokalen Kenntnissen ausgegangen und wenn man diese „über"-regional, netzwerkartig in Beziehung setzen würde. An dieser Stelle möchte ich deshalb stellvertretend für viele andere Initiativen nur eine aus meiner Umgebung nennen: Lobor.eks e.V. in der Glogauerstr. 19a in Berlin.

127 Internetgemeinschaften haben Konjunktur, da gibt es viel Avantgarde-Zauber ohne ihn wirklich einlösen zu können.

Neuerdings die digitale Bohème: „Das Wechselspiel aus Technologie, Stadtentwicklung, Kultur, sozialem Wandel und Politik wird Lebens- und Arbeitsformen ermöglichen und hervorbringen, die uns heute noch utopisch erscheinen. Die digitale Bohème ist auf diesem Weg schon mal ein Stück vorgegangen, testet aus, was geht und was nicht. Ihre Subversion der Arbeitswelt ist keine destruktive, sondern eine konstruktive, indem sie die Attraktivität des Lebensmodells täglich neu unter Beweis stellt."

Holm Friebe; Sascha Lobo: Wir nennen es Arbeit. Die digitale Bohème oder Intelligentes Leben jenseits der Festanstellung, 3. Aufl., München: Heyne Verlag 2007, S.289

medien können nur Mittel zum Zweck sein. Woran es mangelt, sind kulturell gestiftete Identitäten, die soziale Modelle definieren.

Das Dilemma, welches aus der Diskussion um soziale Wahlverwandtschaften hervorgeht, ist ein doppeltes. Auf der einen Seite fehlt es an Praxis, soziale Phantasie zu realisieren, auf der anderen gibt keine motivierende Idee, die alle möglichen Absichten und Visionen theoretisch bündeln könnte. Vor allem gibt es keine Leitidee, die der treibende Motor von Aktivitäten wäre, um soziale Wahlverwandtschaft zu ermöglichen. Gegenüber der Vorstellung einer Leitidee, zumal wenn sie den Charakter einer blinden Utopie annehme, ließe sich einwenden, dass der Mangel sozialer und kultureller Experimente sich nicht dadurch aufheben ließe, dass sie auf eine erst noch zu erreichende Utopie verlagert wird.
Es kann natürlich auch sein, das es eine politische Sättigung gibt, die keine weiteren gesellschaftlichen Experimente zulässt. Angenommen, dies wäre das Ergebnis der Diskussion, dann könnte es in Europa und in anderen westlichen Demokratien keine politische Formation geben, die über den Status Quo des effizient funktionieren Systems hinausgeht.

Wie kann man sich eine Alltagsphantasie vorstellen, in der soziale Wahlverwandtschaft praktisch greift? An dieser Stelle möchte ich mich auf Rahmenbedingungen beschränken und mit ‚Idea' einen naiven Vorschlag vorstellen, der nach dem logistischen Vorbild von Ikea operiert, d.h. eine Art Lager- und Gasthaus, in dem es verschiedene Abteilungen gibt, angefangen bei einem Ideenbaumarkt rund ums Selbstständigkeit sein, mit Angeboten für Lebens- und Arbeitsgemeinschaften sowie Künstlerinitiativen. Ganz allgemein gesprochen, ist „Idea" ein Heiligtum, ein Kontrastprogramm zum Herrenhaus der Dinge, in dem bei George Orwell die Schweine auf den Beinen stehend Einzug halten und darüber verhandeln, was alle anderen (Tiere) im Laufe der Woche zu tun haben. Konkret besprochen und an einem Beispiel festgemacht wäre ‚Idea' ein Lagerhaus, in dem Ideen und Ausstattungsmaterial für Dinge und Projekte etc. zu finden sind. Zentral sichtbar müsste das Büro für Patente, Partnerschaften und Projekte sein, in dem Vorschläge und Initiativen koordiniert, Lehrgänge und Vorträge konzipiert werden. ‚Idea' sollte über eine technologisch interessante Sphäre der Kommunikation verfügen, durchgängig geöffnet haben und sollte es überall geben – landauf, landab, wie seinerzeit in der Gründungsphase von Heimatvereinen oder Zunftgemeinschaften. Wie ‚Idea' konkret ausgestaltet wird, ist hier nicht weiter von Belang. Was allein zählt ist, dass solche Ideen praktisch werden. Wichtig hierbei ist, dass mehrere Ebenen ineinander greifen: dass Austausch stattfindet, ein

---

Siehe auch Agentur Bilwet: Der DatenDandy. Über Medien, New Age und Technokultur, Mannheim: Bollmann Verlag 1994, S.75f.

lokaler Tauschring aufgemacht wird,[128] dass Gespräche im Mittelpunkt stehen und über noch nicht fixierte Gegenstände verhandelt wird,[129] eben Leute durch Diskussionen ihre Vorschläge einbringen, mitnehmen, lebensnahe Kooperationen eingehen, Entlastungen in gegenseitigen Einverständnis anstreben und Vertragsformen dazu entwickeln. Beispiele, die das schon programmatisch betreiben, ließen sich anführen. Ich möchte an dieser Stelle nur auf das Ökodorf Brodowin 80 km nördlich von Berlin verweisen.

Laborsituationen - wie die gerade geschilderte - gehen davon aus, dass die vorgeschlagenen Rahmenbedingungen einen Impuls bei anderen freisetzen. Aber das ist ein Fehlschluss. ‚Idea' ist ein Modell, mehr aber auch nicht.[130] Wenn Selbstständigkeit gefordert wird, wo scheinbar Unselbstständigkeit vorherrscht, ist der gut gemeinte Vorschlag Attrappe, also ideologisch zu werten. Es kann doch nicht überzeugend sein, dass Selbstständigkeit zum Selbstzweck wird, wie das offensichtlich der Fall ist, wenn die Aufforderung zur Selbstständigkeit in Anleitungen übergeht, in denen gesagt wird, worin Selbstständigkeit besteht. Das ist ein Widerspruch, den wir aus der Tradition kennen, zuletzt im Bereich der Kunst durch Beuys angezeigt.[131]

Beuys ging in seinen auf die Kunst bezogenen - und wie ich meine auch den Werk- und Arbeitsbegriff - erweiternden Überlegungen davon aus, dass jedermann politisch und damit auch künstlerisch kreativ sein kann. „Erweitere ich den Kunstbegriff in der Weise, daß er sich nicht mehr be-

---

128 LETS (local exchange trading system) „sind nicht-gewinnorientierte Organisationen auf der Grundlage einer lokalen Währung. Als deren Teilnehmer wird mir bei einer Bank, dessen Direktionsgremium sich aus weiteren Teilnehmern bildet, ein Konto mit einem Null-Guthaben eröffnet. Angenommen, eine Teilnehmerin streicht meine Küche. Sie erledigt die Arbeit und danach benachrichtigen wir beide die Bank, die dann die vereinbarte Summe von meinem Konto abzieht und ihrem gutschreibt."
Mark S. Peacock: Die volkswirtschaftliche Analyse einer neuen Geldform: der Fall lokaler Tauschringe, in: Dirk Baecker (Hg.): Viele Gelder, Berlin: Kadmos Verlag 2003, S.95

129 Vgl. Bruno Latour: Von der Realpolitik zur Dingpolitik oder Wie man Dinge öffentlich macht, Berlin: Merve Verlag 2005, S.11f.

130 Denkbar wäre, dass aufgrund dieses Modells Leute ihre Lebenssituation so umorganisieren würden, dass z.B. die privaten Wohnungen der Beteiligten für Zwecke neu verteilt und umgenutzt werden, wie es „Idea" vorsieht, so dass also ein Experiment von Leben und Arbeiten eingegangen wird.

131 Quermann fasst die utopisch gesellschaftlichen Implikationen bei Beuys wie folgt zusammen: „So kreierte Beuys ein Menschen- und Gesellschaftsbild, das auf eine Utopie Bezug nahm. Jene Vorstellungen waren an Rudolf Steiners anthroposophischem Modell einer *Dreigliederung des sozialen Organismus* orientiert. Mit Hilfe von Zeichen stellte Beuys eine symbolisch konstruierte Welt her, in welcher jeder Mensch als demokratisches Subjekt aktiver Gestalter der Gesellschaft sein sollte. Wie andere Utopien vom Gesamtkunstwerk in der Moderne propagierte auch Beuys die Vision eines neuen Menschen. In diesem Sinne notierte er 1969: ‚Ihr sagt die Natur des Menschen sei für die Revolution nicht geeignet, - wohlan dann ändern wir also die menschliche Natur.' "
Andreas Quermann: „Demokratie ist lustig". Der politische Künstler Joseph Beuys, Berlin: Reimer Verlag 2006, S.199

zieht auf den reduzierten Kulturbetrieb, wie wir ihn kennen, sondern erweitert er sich, wird also anthropologisch und bezieht sich auf jeden Menschen, der auf der Erde lebt prinzipiell und bezieht sich auf jede Frage, die auf dieser Welt existiert, dann haben wir es zu tun mit der Kreativität des Menschen in seiner Arbeit. Die Arbeit des Menschen als dem menschlichen Wirtschaften also stellt sich heraus als identisch mit dem Erweiterten Kunstbegriff. Der *Erweiterte Kunstbegriff* ist also identisch mit dem *erweiterten Ökonomiebegriff*." [132]

Verfügt der Einzelne mit seinen Anlagen über ein Potential, welche die Passform zur Lebenstauglichkeit erfasst, ist auch die Grenze dieser Passform diskutierbar. Jeder kann seine Passform zur Lebenstauglichkeit selbst gestalten – das ist die Botschaft von Beuys, die immer noch nicht ‚ausgeschöpft' ist, d. h. zu Ende gedacht ist. Jede Initiative, die sich auf Selbstschaffung beruft bzw. in diesem utopisch-kreativen Zusammenhang eingeordnet werden kann, hat ihre Berechtigung, auch wenn sie ‚Lebensunternehmer' genannt wird.[133] Allerdings muss man bedenken, was dadurch erreicht wird. Wird die Selbstgestaltung oder Selbstschaffung als eine mehrschichtige Passform angesehen, dann kann man auch nicht länger auf der Ebene des identitätsoffenen, kreativen Bastelmanagements stehen bleiben, sondern muss auch andere Ebenen mit einbeziehen, in der die Passform als kulturelle Verortung erkannt wird. Somit stellt sich an dieser Stelle eine ganz entscheidende Frage, nämlich die, die über das Dilemma der Passform hinausführen könnte. Läuft die Kunst passgenauer Lebenstauglichkeit daraus hinaus, wie füge ich mich in die Verhältnisse einerseits bzw. wie mache ich mir diese nutzbar andererseits, so verhält sich die soziale Wahlverwandtschaft demgegenüber indifferent. Es scheint gegenwärtig eine Tendenz zu bestehen, die Selbsteinschätzung gegenüber kulturell eingeübte Passformen, die eingefügt bzw. angepasst werden, zu heben, aufzuwerten oder zu fordern.
Hier muss unsere Kritik ansetzen. Viel zu schön ist die Illusion zu glauben, es ginge vernünftig zu, wenn Einzelne und Gemeinschaften als Akteure und Produkte sich wechselweise bedingen. Gefährlich ist, wie die Formung des Einzelnen und die Deformierung des vielfältig Ganzen ineinander greift: In dem freien Spiel der Anpassungskräfte geht es nicht vernünftig

---

132 Josef Beuys: „Jeder Mensch ist ein Künstler", in: Kunst = Kapital. Achberger Vorträge, hg. von Rainer E. Rappmann, Wangen: FIU-Verlag 1992, S.47

133 Vgl. hierzu die Bodensee-Charta bei Peter Spiegel.
Peter Spiegel: Eine humane Wirtschaft. Erfolgsfaktor Mensch, Düsseldorf: Patmos Verlag 2007, S.145-149.
Siehe auch: Soziale Innovation, Folge 7: Neue Arbeit, in: brand eins Online, 7/2006 www.brandeins.de/home/inhalt_detail.asp?id=2039&MenuID=130&MagID=75&sid=su801441231924715793

zu.[134] Letztlich ist auch die Vorstellung von Passformen als soziale und kulturelle Wahlverwandtschaften nur ein struktureller Selbstbetrug. Das mag als Fazit unserer Überlegungen erschrecken, aber die Ernüchterung hilft auch eine andere Art von Angst und Freiheit jenseits der passgenauer Normalität zu entdecken, denn die Vorstellung von kulturellen Verortungen und Austauschverhältnissen, der einer Zivilisierung der Gewalt zur Anpassung vorausgeht, ist immens. Das noch utopische Jenseits der Stabilisierung im Verhältnis von dem, zu dem der Einzelne sich formt oder geformt wird, hat etwas Bedrohliches, nämlich die Erkenntnis von Sklaven, die ihre Abhängigkeit z.B. als Sozialvieh oder Karriereschwein zu funktionieren, vielleicht nur noch Maschinen, Automaten oder Biotopen zubilligen.

Einen ganz anderen Blick auf die hier analysierte Figur sozialer und kultureller Anpassung und Gefügigkeit erhalten wir, wenn wir den Begriff der Verdinglichung wie er von Axel Honneth im Anschluss an Lukacs wieder in die Debatte gebracht worden ist, in die Überlegungen einbeziehen. Unter Verdinglichung ist die von Marx erkannte Versachlichung in der gesellschaftlichen Praxis zu verstehen. Die Folge dieser Versachlichung ist eine Abstumpfung in der Gesamtwahrnehmung, eben eine verdinglichte Sichtweise. Verloren geht der lebendige Bezug und damit das anzuerkennenden Gefühl der Verbundenheit mit anderen Menschen und deren Sicht auf die belebte und unbelebte Natur. Dieser Verlust kann sicherlich kompensiert werden. Im Sinne der gesellschaftlichen Tüchtigkeit erscheint es geradezu unumgänglich, die lebendige Verbundenheit zeitweise auszublenden bzw. die Aufmerksamkeitssteuerung auf Dinge und Menschen gezielter einzusetzen, wofür Honneth das Bild des Tennisspieler anbietet, „der im Zuge der ehrgeizigen Konzentration auf den Sieg das Gespür dafür verliert, daß es sich bei dem Gegenspieler um seinen besten Freund handelt, um dessentwillen er ursprünglich das Spiel begonnen hatte."[135] Dass die Diskussion um den tradierten Begriff der Verdinglichung dazu dienen kann, den Prozess der Aufmerksamkeitssteuerung auf vielfältige Weise bewusst zu machen, ist sehr beachtenswert und kann hier auch nicht in allen Details behandelt werden. Überzeugend finde ich die Wiedereinsetzung dieses Begriffes dann, wenn sie der Teilnahmslosigkeit und Passivität im Selbstverständnis entgegenwirken kann.[136] Mich interessiert weniger die Kritik an der Passivität als vielmehr die Reaktivierung kultureller Selbstkontrolle. Sich die Technik in der Zuwendung bzw. Abwendung von Dingen und Menschen nutzbar zu machen, kann man einmal aus der Kritik

---

[134] Vgl. Susan Neiman: Das Böse denken. Eine andere Geschichte der Philosophie, Frankfurt am Main: Suhrkamp Verlag 2006, S.472

[135] Axel Honneth: Verdinglichung. Eine anerkennungstheoretische Studie, Frankfurt am Main: Suhrkamp Verlag 2005, S.71

[136] Vergleiche dazu Honneths Ausführungen zur Anerkennungsvergessenheit. Ebda., S.62f.

an den Folgen der Verdinglichung begreifen und zum andern kann man es als eine riskante Herausforderung für eine zu konstruierende Praxis und Kommunikation verstehen. Unterscheidet man Verdinglichung von Entdinglichung wird deutlich, dass die gegenwärtige Praxis mit Entstofflichung operiert. Die Techniken der Eintragungen von Aktienkurse an der Börse zeigen diesen Wechsel an. Waren es vormals Eintragungen mit Kreide auf Tafeln, danach mechanisch durchlaufende Zahlen- und Buchstabenfelder, so sind es heute Leuchttafeln, die auf Eingaben in vielen Computer zurückgehen, bis sie ihren Weg zur aktuellen Anzeige genommen haben. Die Welt ist sozusagen alles, was im digitalen Fluss der Zahlen sich darstellen und daraufhin entscheiden lässt. Mit dieser Entdinglichung einher geht eine weitere, die ebenfalls in Zahlenverhältnissen sich manifestiert: Die Dinge schwingen, Elementarteilchen bewegen sich nur noch, alles ist also Klang. Entkörperlichung wäre demzufolge die Seite der Entdinglichung, die Dinge nur noch z.B. auf ,Festplatten' repräsentiert und Materialisationen am liebsten ganz unterschlägt. Bevor man dieser bedenklichen Seite der Entdinglichung sozusagen handfest und kritisch widerspricht, sollte man eine zweite Seite, die sich durch die technologische Entwicklung der Massenmedien zuspitzt, davon abgrenzen: Die technische Präsenz von Dingen, Situationen und Ereignissen, die auf die materielle Realität verweisen, ist selbst virtuell, damit aber auch eine Tatsache, d.h. die faktische Realität von vermittelter Realität ist als Realität anzuerkennen. Diese ,entstofflichte Welt' hat es selbst zu faktischen Formen von Realität gebracht und damit das Verständnis von Realität erweitert. So werden in westlichen Demokratien Entscheidungsprozesse von alten und zunehmend neuen Massenmedien (Fernsehen-Internet) bestimmt. Diese Seite der technologischen Entkoppelung von den realen Lebensverhältnissen ist nicht mehr allein mit einer Kritik von Verdinglichung bzw. Entdinglichung zu fassen. Entstofflichung gehört zur technologischen Entwicklung und ist ein lebendiger Impuls der zeitgenössischen Kunst. Deshalb leuchtet mir eine dogmatische Zurückführung von realen Dingen auf Materie nicht ein. Der ,Materialbegriff' der Dinge muss weiter gefasst und reformuliert werden.[137] Er sollte auch die intermediale Realität der Dinge, die eine faktische, wahrnehmbare Realität haben, einschließen.

Die Frage, die sich im Anschluss an die Erörterung der ,Verdinglichung' und der ,Vergleichgültigung' stellt, ist die, wer mit welchen Motiven auf diese Dinge aufmerksam macht.

---

[137] So ist der Materialbegriff bei Adorno nicht statisch, sondern er wandelt sich: Im Kunstwerk zeigt er den „aktuellen, gesellschaftlichen Stand der Dinge“ und den „technischen Stand der Zeit“ an.
Hinweise hierzu, die mit Bezug auf die Forschung zum Materialbegriff bei Adorno eigens entfaltet werden müssten, habe ich von Ellen Lissek-Schütz erhalten.
Siehe Theodor W. Adorno.: Ästhetische Theorie, 2 . Aufl., Frankfurt am Main: Suhrkamp Verlag 1974, S.285f.

Hatten europäische Intellektuelle im letzten Jahrhundert ganz allgemein gesagt ihr ‚linkes' Betätigungsfeld auch darin gesehen, die Interessen Unterprivilegierter zu analysieren und zu vertreten, um dadurch die gesellschaftliche Praxis für andere zu verändern, ist diese Aufgabe jetzt bei Konservativen angelangt, die ihr ‚rechtes' Betätigungsfeld dadurch legitimierten, dass sie ‚linke' Alternativen vernichtet haben, was als Rechnung nach 1989 aufgegangen zu sein scheint – nicht ohne ‚unfreiwilliger' Mithilfe derjenigen, die das Projekt des Sozialismus in den Sand gesetzt haben. Ich bin sehr dafür, Wertkonservativen die soziale Verantwortung nicht nur zu überlassen, sondern plädiere sogar dafür, dass sie diese ganz wahrnehmen sollten. So kehrt sich ein historisches Verhältnis von ‚links' und ‚rechts' um und wird obsolet: Wenn Wertkonservative diese Rolle einnehmen und z.B. für soziale Gerechtigkeit eintreten, kann man sie sehr gut daran messen, sie kontrollieren. An medienwirksamer Transparenz fehlt es nicht. Alle politischen Manöver sind, nimmt man sich die Zeit, sie nachzuverfolgen, gegenwärtig mehr oder weniger durchschaubar. Sie sind kalkulierbar, wie die Leistungen von Topmanagern. Politische und ökonomische Strategien liegen offen dar, weil jede Institution und jedes Unternehmen an Zielen gemessen wird, die sie sich selbst vorgeben.

Global-Lokal

Interkultureller Dialog beruht auf internationalen Verflechtungen. Dem Stichwort der Internationalität wird man ohne weiteres folgen können, denn es verweist auf bereits bestehende Formen des Austausches über staatliche Grenzen hinweg. Wollte man diese Verflechtungen charakterisieren, bräuchte man bloß auf die vielen Kunstmessen, Biennalen, Mega-Exhibitions, Festivals, kulturellen Events zu verweisen. Die Vielfältigkeit und Gleichzeitigkeit dieser internationalen Großereignisse sind als Ganzes kaum zu überschauen und lassen sich auch nicht befriedigend systematisieren. Fest steht nur, dass diese Formen des Austausches auf Planungen beruhen, die angekündigt werden und oft auch regelmäßig sich wiederholen, wie das bei der Biennale von Venedig und an den vielen anderen Biennale Orten evident ist.
Auf der einen Seite gibt es eine eindeutig transnationale Tendenz des Austausches, auf der anderen ist der internationale, grenzüberschreitende Verkehr von national gewachsenen Strukturen bedingt. Hierin unterscheiden sich die am internationalen Veranstaltungskarussell beteiligten Staaten. Und hierdurch nehmen sie direkt oder latent Einfluss auf den kulturellen Dialog. Die Frage ist natürlich, ob es überhaupt Staaten sind, die dieses internationale Netzwerk der bildenden Künste betreiben oder ob nicht einzelne Personen und deren jeweiliger kultureller bzw. ökonomischer Hintergrund die treibenden Kräfte sind. Differenzierter betrachtet, lässt sich sagen, dass es einen mehr oder weniger ausgeprägten nationalen Faktor gibt, der sich u. a. an den Bildungsausgaben der einzelnen Staaten ablesen, aber dadurch nicht allein fassen lässt. So wäre der internationale Erfolg aktueller Strömungen in den bildenden Künsten kein Zufall, sondern ein Ergebnis kultureller Kontexte, die - um konkret zu werden - wie im Fall des Malers Neo Rauch auf das Umfeld der so genannten „Leipziger Schule" oder wie im Fall des Fotografen Andreas Gursky auf das Umfeld der so genannten „Becher-Schule" zurückgehen. Die Internationalität der bildenden Künste rekurriert sich aus nationalen Kontexten, leitet sich faktisch aus regionalen und urbanen künstlerischen Zentren her. Denn die Internationalisierung der Kunst in der Moderne ging der weltweiten kulturellen Vernetzung im Zuge der Globalisierung zeitlich voraus.

Alle diese kulturellen Handlungen sind mit einem spezifischen Publikationsmarkt (Fachzeitschriften, Kataloge, Kritiken in Feuilletons, Monographien etc.) verknüpft. Diese spezifischen Organisations- und Publikationsformen funktionieren unabhängig von den Massenmedien (Radio, Fernsehen), sie bedürfen dieser prinzipiell nicht, obwohl es durchaus Strategien für Aufmerksamkeitssteuerung gibt, in denen die Massenmedien und damit eine breite Öffentlichkeit als Meinungsmacht genutzt werden.[138] Interessant ist die enge Beziehung von Kunstmarkt und Kunstöffentlichkeit. Während der Kunstmarkt grenzüberschreitend Geschäften nachgeht, leitet sich die Kunstöffentlichkeit überwiegend aus staatlichen, also national organisierten bzw. geförderten Strukturen her, d.h. sie ist lokal verankert. Die Kunstöffentlichkeit wäre also ein Beispiel für das Changieren von lokal und global, ganz einfach schon deshalb, weil sich das Interesse an Kunst vor allem aus privatem, wirtschaftlichem, nationalem Engagement herleitet, welches jeweils für sich prägend sein kann, was jedoch nicht den Umkehrschluss erlaubt, dass sich diese Interessensbereiche auf regionale Grenzen reduzieren lassen. Man denke nur an die Sammlungspolitik ,internationaler Mäzene' oder die Rolle der UNO zur Förderung der Kultur. Was man dennoch folgern, aber schlecht spezifizieren kann, ist, dass eine lokale Konzentration von Interessensbereichen offensichtlich Vorteile mit sich bringt: In der globalen Öffentlichkeit kommt ein kulturell attraktiver, Impulse setzender Standort gut an. Heißt das, dass die global-lokale Kunstöffentlichkeit ein Produkt der Meinungsmacht der Massenmedien geworden ist? Wahrscheinlich ist das teilweise schon so, aber es gibt auch kulturelle Kanäle des Austausches und des künstlerischen Dialoges, die nicht über die Massenmedien (Radio, Fernsehen) erfolgen, weil sie informationstechnisch autonom und medial resistent geblieben sind. Das wird in Zukunft verstärkt die ,mediale Macht' auf den Plan rufen und versuchen, neue Formen kultureller ,Sprechfähigkeit' zu denunzieren.

Entbalkanisierung

Aus den bisher diskutierten Ansätzen geht noch nicht hervor, ob die Findung und Realisierung von Utopien Individuen zufällt oder eine ist, die den Sachen selbst inne wohnt. Auf der einen Seite stünde die abstrakte, auf der anderen die konkrete Idee. Wenn im gegenwärtigen Europa eine Utopie fehlt, müsste die Findung und Realisierung diesen beiden Seiten fol-

---

138 Dazu könnte man stellvertretend für andere den „heiklen Fall“ Günther Grass anführen. Der Auslöser war ein Interview vom 11. August 2006 mit „Enthüllungen“ in der FAZ. Das Gespräch „Warum ich nach sechzig Jahren mein Schweigen breche“ führten Frank Schirrmacher und Hubert Spiegel mit Günther Grass. Dann folgten kaum überschaubare Schleifen der Berichterstattung, die sich durch die internationale Presse zogen und in Meldungen der Massenmedien kundtaten, bis es der letzte Trottel mitbekommen hatte. Ganz offensichtlich ging es um gezielte Aufmerksamkeitssteigerung, von der letztlich nicht nur Günther Grass profitiert haben dürfte. So jedenfalls sieht in der Regel die Bilanz der Aufmerksamkeitssteuerung aus: Es reicht aus, in die Schlagzeilen zu kommen. Scham oder Ekel zeigen weder Akteure noch Adressaten, es sei denn, diese ist ein Kalkül der Strategie. Dies ist auch ein Hinweis darauf, dass der Schutz oder die Schranke, die der Einzelne dem Öffentlichen beimisst, gefallen ist.

gen. Gegen eine abstrakte Idee spricht, dass sie wie die Einführung des Euro, allen sozusagen in die Hand gegeben wird. Für die konkrete Idee spräche, dass sie aus Arbeitszusammenhängen und kulturellen Prozessen hervorgehen müsste. Um diese Perspektive für die Diskussion zu schärfen, möchte ich erst einmal einen Ansatz aus der bildenden Kunst kurz nennen, weil man hieraus begriffliche Einsichten gewinnen kann. Des Weiteren möchte ich den Spannungsbogen von Abstraktion und Konkretisierung anhand eines kulturellen Phänomens ausführlicher besprechen, um zu zeigen, dass die Alltagsphantasie bereits weiter ist als die Theorie. Dabei gehe ich davon aus, dass es latent kulturelle Formationen gibt, die nur in Beziehung zueinander gesetzt werden müssen, wie ein Puzzle.

Den Anfang macht eine grundsätzliche Überlegung:

„Gibt es ein Realallgemeines in den Dingen selbst?“[139]

Hans Heinz Holz, der diese Frage stellt, hat dabei die bildende Kunst vor Augen. Das hindert uns natürlich nicht, einen kritischen Blick auf die von Hans Heinz Holz ausgeklammerte Realität zu werfen sowie es uns auch nicht davon abhalten würde, seine begriffliche Konstruktion kritisch mit anderen zu vergleichen, etwa eine Gegenüberstellung von dem Begriff „Realallgemeines“ bei Holz mit dem der „Operationalität“ (im Herstellen weiter führender, verallgemeinerungsfähiger Bezüge) bei Jacques Rancière, wenn dadurch an dieser Stelle ein argumentativer Vorteil erwirtschaftet werden könnte.[140] So wenig wie die Wirklichkeit in einmalige und für sich bestehende Atome zerfällt, so wenig möchte Holz die Werke und Dinge der Kunst auf ihre inkommensurable Differenz zueinander, die ihre Individualität ausmacht, beschränkt wissen. Aus diesem Grund interessiert er sich für Konkrete Kunst, widmet er sich allgemeinen, gleich bleibenden Prinzipien, stellt er der „Beliebigkeit individueller Kreativität“, „bildnerische Universalien“, das sind universelle Formen der Konkreten Kunst gegenüber, „die nicht nachträglich aus dem Vergleich der Einzelgegenstände abstrahiert sind, sondern diesen a priori zukommen, das heißt das Sein des Gegenstandes als Sein definieren.“[141] In der konstanten Variation von Mustern, in der Matrix geometrischer Formen treffen Abstraktion und Geometrie zusammen. Einerseits streben sie aufeinander zu, andererseits bestehen sie nebeneinander, ganz so, wie die Klischees westlich (christliche) Abstraktion und östlich (islamische) Ornamentik. Diese sind eingeschliffene, erstarrte Kulturtechniken.

---

139 Hans Heinz Holz: Seins-Formen. Über strengen Konstruktivismus in der Kunst, Bielefeld: Aisthesis Verlag 2001, S.13

140 Jacques Rancière: Die Politik der Bilder, hg. von Maria Muhle, 1. Aufl., Berlin: b_books Verlag 2006, S.12f.

141 Hans Heinz Holz: Seins-Formen. Über strengen Konstruktivismus in der Kunst, Bielefeld: Aisthesis Verlag 2001, S.14

„Ganz allgemein gefragt: Kann man Abstraktionen vergleichen, ohne ihren sozialen und kulturellen Kontext einzubeziehen?"[142]

Oleg Gabar, der diese Frage stellt, möchte die Fundamentalfrage von Holz nach den Universalien praktisch beantwortet wissen: „Die akzeptierbare Aussage lautet, es sei vernünftig anzunehmen, dass in der begrenzten Welt der Formen (wie in jener der Töne oder der Grammatik) verschiedene Zeiten und Orte vergleichbare Formen hervorbringen können. Im Allgemeinen werden eher die Unterschiede betont, weil sich die Historiker auf verschiedene Perioden und einzelne Gebiete spezialisieren. Einer der gewöhnlich uneingestandenen Grundvoraussetzungen der Kunstgeschichte zufolge gibt es jedoch - in einer Weise, die an die Sprachtheorie von Noam Chomsky erinnert - eine universelle Sprache der Kunst und der visuellen Erfahrung, die ihre eigenen Regeln und Praktiken besitzt und unterschiedliche lokale Ausprägungen annehmen kann. Deshalb ist es gerechtfertigt, vergleichende Verfahren zu entwickeln, die Zeit- und Raumgrenzen überschreiten und nach globalen Mustern und Wahrheiten suchen."[143]

Solche globalen Muster oder solche Muster der Globalisierung sind komplexe Vernetzungen, die nur metaphorisch begreifbar sind. In Europa ist es eine ornamentale Topographie. Nichts ist besonders interessant, außer dem Balkan,[144] der alle anderen Regionen gegenüber sich selbst als Rest definiert:

Gemeint ist damit ein Muster für kulturelle Landschaften, die zusammengeflickt sind wie der Balkan. Der Balkan steht für Aufteilung, für Balkanisierung, steht synonym für Kleinstaaterei, Zersplitterung, stellvertretend auch für Korruption, Unzuverlässigkeit, Verantwortungslosigkeit und Missmanagement. Also für herrschende Zustände![145]

Mit anderen Worten: Europa schließt den Balkan ein, so wie der Balkan Europa. Das hat die Rede von der Balkanisierung Europas wieder aufge-

---

142 Oleg Gabar: Islamische Ornamentik und westliche Abstraktion - kritische Anmerkungen zu einer Wahrverwandtschaft, in: Katalog Riehen/ Basel: Ornament und Abstraktion. Kunst der Kulturen, Moderne und Gegenwart im Dialog, hg. von Markus Brüderlin, Fondation Beyeler Basel, Köln: DuMont Verlag 2001, S.72

143 Ebda. S.72

144 Zur historischen Entwicklung, die zur „Erfindung" und „Klassifizierung" führte, siehe auch: TODOROVA, Maria: Die Erfindung des Balkans. Ein bequemes Vorurteil, Darmstadt: Primus Verlag 1999, S.176ff.

145 Der Begriff der „Balkanisierung" hat Konjunktur. So wird er u.a. auf die bolivianischen Autonomiebestrebungen angewandt.
Siehe „Balkanisierung in Südamerika", 08.07.2007, in: www.german-foreign-policy.com/de/-fulltext/56762

bracht, die insbesondere auf Leo Trotzki zurückgeht. „Das in Versailles balkanisierte Europa ist in eine Sackgasse geraten" - so Trotzki 1931; 1940 hat er dann die mögliche Balkanisierung Europas nach dem Ende des 2. Weltkriegs analysiert[146]. Die europäische Frage war, wie Trotzki erkannte, mit dem Balkan verbunden. Gerade weil sich der Einmarsch der NATO-geführten KFOR in den Kosovo von 1998 in dieses Balkanbild zu fügen scheint, haben die Ereignisse keinen Anspruch auf eine historische Legitimation. "Ein Recht auf humanitäre Intervention" reicht jedenfalls nicht aus, einen Krieg zu führen, wenn dieser einen Bruch mit der Uno-Charta und übrigens auch einen mit dem Grundgesetz Deutschlands voraussetzt.[147]

Die Formel der ‚Balkanisierung' ist in der Folge u. a. von Francois Mitterand (Einheit, Verfassung und nicht Zersplitterung) oder von Walter Laqueur wieder aufgegriffen worden. Es war einmal Europa, so der lakonische Tenor von Laqueur über Europas Aufstieg nach dem 2. Weltkrieg: „Die europäischen Länder lebten im Frieden miteinander, die Landesgrenzen wurden immer durchlässiger, und Kriegsgefahr bestand allenfalls noch in den Grenzregionen Europas, etwa auf dem Balkan."[148]
Dass Europa seine Macht ausgespielt hat und als Museum dafür Eintritt nehmen darf, ist nicht sonderlich originell. So wie die vermeintliche Musealisierung des Lebens (seit den 70er Jahren) ein Dauerthema ist, hat auch die Musealisierung der Kultur in Venedig ein permanentes Vorzeigebeispiel.[149] Wohin aber kann die Auseinandersetzung damit führen?

---

146 „Das in Versailles balkanisierte Europa ist in eine Sackgasse geraten. Diese Ausweglosigkeit erscheint in Deutschland in konzentrierter Form, in der politischen Gestalt des »Nationalsozialismus«. In der Sprache der Sozialpsychologie lässt sich diese politische Strömung als epidemische Verzweiflungshysterie der Mittelschichten beschreiben."
Leo Trotzki: Ein Sieg Hitlers bedeutet: Krieg gegen die UdSSR - erschien zuerst in englisch: „I see war with Germany" am 28. Dezember 1931 in der amerikanischen Zeitschrift „The Forum", am 16.7.1932 in der sozialistischen Wochenzeitung „The Militant", dann auf deutsch 1932 in der „Permanenten Revolution" der Linken Opposition der KPD.
Siehe auch ders.: Manifest der IV. Internationale zum imperialistischen Krieg und zur proletarischen Weltrevolution, Teil I, angenommen bei der Notkonferenz der IV. Internationale, 19. -26. Mai 1940 in New York.

147 Der Einmarsch in den Kosovo verletzt das Völkerrecht. Es ist gefährlich, wenn Werte über Rechte (und umgekehrt) gesetzt werden, wenn sie (bewusst) verwechselt werden: Die Begründung des damaligen Außenminister Fischer lief im Kern darauf hinaus, eine Wiederholung der Deportationen ganzer Volker wie unter den Nationalsozialisten und Stalin zu verhindern, also mit gutem Gewissen schießen zu dürfen.

148 Walter Laqueur: Die letzten Tage von Europa. Es geht nicht mehr um den Aufstieg zur führenden Weltmacht - für den Kontinent geht es ums Überleben, in: TAZ, 24.09.2006
„Europa ein Disneyland für begüterte Asiaten", so lautet eine der „Thesen" Laqueurs.
(Siehe auch: Walter Laqueur: Die letzten Tage von Europa. Ein Kontinent verändert sein Gesicht, Berlin: Propyläen Verlag 2006)

149 Interessant ist die Reformulierung der Musealisierung von Boris Groys: Politik der Unsterblichkeit oder die Musealisierung des Lebens, Vortrag, Benjamin-Agamben: Symposium über das Politische im 21. Jahrhundert, 24.11.2005, Kunstsammlung NRW (K20), Düsseldorf, veröffentlicht

Will man der Litanei von der Musealisierung des Lebens und der kulturellen Mumifizierung Europas nicht auf den Leim gehen, mag eine musikalische Erscheinung, der „Balkan Beat", auf die Sprünge helfen, zumal auch deshalb, weil er entstand, um ethnischen Gruppen nach dem Kosovo-Krieg einen Treffpunkt in Berlin zu verschaffen.[150] Das war anfangs lokal begrenzt, mittlerweile lässt sich sagen:
Balkan Beat ist ein kulturelles Phänomen Europas.[151] Und mehr als das, wie noch zu zeigen sein wird.
Zunächst einmal geht diese von DJ's[152] initiierte Clubmusik in die Beine.[153] Der Kopf der Tanzenden hat aber auch etwas davon, wie sich nachfolgend noch zeigen lässt.
Unter dem Titel „Die Balkanisierung des Balkans" charakterisiert Daniel Bax in der TAZ einen musikalischen Trend seit 1993, der von Berlin[154] aus auf weitere Städte der DJ-Kultur übergesprungen ist[155]:
„Auch der Balkan ist inzwischen Teil der DJ-Kultur geworden. Das hat nicht erst der Frankfurter DJ Shantel mit seinem erfolgreichen Projekt Bucovina Club gezeigt. Schon zuvor hatte der Berliner DJ Soko alias Robert Soko, der ursprünglich aus Bosnien stammt, gemeinsam mit seinem kroatischen Partner Marko seine "Balkan Beats"-Partys ins Leben gerufen, um damit die postjugoslawische Emigrantenszene der Stadt zusammenzuführen und deren Stimmung aufzuheitern.
Doch mit der Zeit wandelte sich der Publikumsgeschmack, und der Sound wechselte vom alternativen Punkrock, Ska und New Wave aus Zagreb und Belgrad zu den regionalen Rhythmen und Klängen der traditionellen Gipsy-Kapellen der Region. In der Tat haben sich die beiden Szenen

---

unter: Politics and Messianism: Kabalah. Benjamin. Agamben, hg. von Vittoria Borsò, Vivian Liska und Bernd Witte, Würzburg: Verlag Königshausen & Neumann 2008

150 Der Anstoß ging von Robert Soko aus.

151 Siehe www.balkanbeats.de

152 DJ Robert Soko (Bosnien), DJ Shantel (Ukraine)

153 Das ist die „einhellige Meinung":
„Manche Musik ist einfach zum Tanzen da: Wer bei den derzeit angesagten Klängen aus Osteuropa nicht zappelt, hüpft, sich wiegt oder im Kreise dreht, muss schon ein sehr unmusikalischer oder stoischer Charakter sein."
Mit Pauken und Trompeten: Balkan-Pop sorgt für Stimmung, Berliner Zeitung, 05.01.2007 (Köln, dpa)

154 Mudd Club Berlin
(mit Verbindungen zum DJ-Netzwerk: der DJ-Szene in Miami, zu vielen Orten weltweit, wie beispielsweise dem Menahta Club in New York)
Zur DJ Kultur siehe: Ulf Poschardt: DJ Culture. Diskjockeys und Popkultur, Reinbek: Rowohlt Verlag 2001

155 So schreibt Wonschewski über „Zach Condons faszinierendes Debüt-Album "Gulag Orkestar": „Wie aber kommt ein junger Mann aus New Mexico - gerade einmal 20 Jahre alt - dazu, an R'n'B, HipHop oder Rock vorbeizuhören, um sich stattdessen mit Balkanpop zu befassen? "Der erste Einfluss kam durch Filme von Emir Kusturica", weiß Zach selbst zu berichten "später dann bin ich diesem Sound noch mal in Europa begegnet, und von da an musste ich diese Musik einfach haben. Als ich dann aber zurückkehrte, musste ich feststellen, dass es ziemlich schwer ist, hierzulande gute osteuropäische Musik zu finden."
David Wonschewski: Amerikas Balkanisierung, in: Spiegel Online, 22.11.2006

inzwischen stark vermischt, und die diversen Crossover aus Balkan-Folklore und Dance-Elektronika oder aus Punkrock und Roma-Traditionals bilden heute fast schon so etwas wie ein eigenes Genre."[156]
Warum ausgerechnet Berlin und nicht Wien, wo eine viel längere und intensivere kulturelle Verbundenheit zum Balkan herrscht[157] und auch nicht Frankfurt,[158] wo der multikulturelle Background in der Bevölkerung in Deutschland sehr stark ausgeprägt ist, zur Drehscheibe der südosteuropäischen Musikstile geworden ist, lässt sich auf die neue Brückenfunktion der Stadt zwischen Ost und West zurückführen,[159] aber sicherlich auch nur durch Zuhilfenahme der künstlerfreundlichen Atmosphäre und der sehr lebendigen Musikszenen einigermaßen erklären. So hat sich Berlin zu einem Migrations-Koordinaten-Kreuz entwickelt, auf denen Ost-Formationen schon früh ihren Platz gefunden haben.[160] Der Ortsbezug mag zwar helfen, die Entwicklung, die Balkan Beats genommen hat, zu verstehen, das Phänomen aber ist ortsunabhängig: Die Brückenfunktion liegt in der Musik selbst.[161]

Was für Berlin gilt, ist New York, Melbourne und Istanbul[162] nur Recht: Hybride Musikstile sind, als wären sie eine neue Art urbaner Erreger, dazu prädestiniert, ihre Wirkungsstätten nicht mehr auf der Straße, sondern in Clubs zu finden, die wie bei guten Kuratoren in der bildenden Kunst, durch DJ's[163] verbreitet und fokussiert werden.

---

156 Daniel Bax: Die Achse der Compiltions, in: TAZ, 01.12.06, S.15

157 Vgl. Christine von Kohl: Balkan - Europäischer Kulturraum, Wiener Vorlesungen, Bd. 113, Wien: Picus Verlag 2005
Siehe dazu auch „balkan diskurs #4 - Balkan und Europa - Analyse und Kommentar von innen und außen, in: balkan anders, Heft 1, 5. Jg., Juni 2006

158 Hier ist vor allem auf die Bedeutung des Bucovina Clubs in Frankfurt hinzuweisen.

159 Nach der offiziellen statistischen Erhebung des Landes Berlin (Juni 2006) beträgt der Bevölkerungsanteil der Zuwanderer nach Berlin mit einer anderen Staatsangehörigkeit: 463.723, davon 24.337 aus Serbien und Montenegro.
http://www.berlin.de/lb/intmig/statistik/demografie/einwohner_staatsangehoerigkeit.html

160 Hier sind die Apparatschik's, die Oljég Matrosov im Jahre 1988 gegründet hat, zu nennen. Die Apparatschik's oder auch The Ukrainians bewegen sich - ausgestattet mit einem Mix aus russischer ‚Volxmusik', Ska, Rock und Polka - in Richtung einer fröhlichen, „bürokratieunverdächtigen" Tanzmusik mit den Elementen des Balkan Beats.

161 Einbeziehen lassen sich hier auch Überlegungen von Max Peter Baumann, der in einem anderen Zusammenhang feststellt: „Der Weg der grenzüberschreitenden Verständigung kann nur im Gehen entstehen, im Gehen von einer ethnozentrischen zu einer weltzentrischen Gesellschaft, im fortschreitenden Erkennen, daß Ideen, einzelne Kultur- Wissenschafts- und Kunstkonzepte, politische Überzeugungen und Religionen mentale Konstrukte sind, die zwar historisch in ihren Überlieferungen begründet aber dennoch als solche in ständigem Fluß sind und nicht für die Wirklichkeit gehalten werden können."
Max Peter Baumann: Musik im interkulturellen Kontext, Verlag Traugott Bautz, Nordhausen 2006, S.139

162 Es gibt Clubs und Bands, die hier beispielhaft zu nennen sind:
Der Club Babylon.com; Baba Zual bei dem Label Doublemoon.com

163 Wie vorbildhaft durch Joro Boro in New York, so ist an dieser Stelle anzufügen.

Bemerkenswert ist das tanzbare Phänomen selbst.[164] Darunter ist eine Kommunikations- bzw. Rezeptionshaltung des Publikums zu verstehen, die unterschiedliche Traditionen, Stile und kulturelle Identitäten annimmt, eine Haltung, bei der die ethnischen Grenzen verwischen.[165] Während Balkanisierung auf Separation hinauslief, führt die De-Balkanisierung zur Synthese. Eine Umkehrung des Prinzips, wie im absurden Theater, wenn auf einmal die Zuschauer mitspielen, erst ihren Körper und dann ihr Hirn mobilisieren. Kommt es wirklich dazu? Ist das überhaupt notwendig?

Wer sich mit dieser Musik beschäftigt, so kann man die Frage verstehen, der setzt sich sowohl mit den politischen als musikalischen Voraussetzungen auseinander. So hat DJ Robert Soko in einem Interview mit Robert Rigney seine musikalischen Einflüsse genannt, dass er Folkmusik, der er früher nie etwas abgewinnen konnte, durch die Beschäftigung mit dem Musiker Goran Bregovic und dem Filmemacher Emir Kusturica wiederentdeckte, er sich also sein Hörverständnis und das Abspielen von Musik erarbeiten musste.[166] Dies schließt Studien histographischer Volksmusikbewegungen bzw. Wanderungen einzelner Instrumente auf dem Balkan mit ein.
Die musikalischen Mischformen des Balkan Beats haben ihre Wurzeln vor allem in der Zigeuner-Musik, in byzantinischen Chorälen, in k. u. k. Militärkapellen, in arabisch-islamischen Gesängen,[167] im Grunde ist von allen Kulturen Süd-Osteuropas etwas enthalten: Lebendig geblieben ist die Erinnerung daran in dem spektakulären, seit vierzig Jahren bestehenden Festival von Guca in Zentralserbien,[168] welches bacchanale Züge annehmen kann und 2002 rund 300.000 Besucher zählte.[169] Aber nicht nur dort, denn Gypsy Music sowie Adaptionen von Balkan Music sind durch musikalische Im- und Exporte sowie der Vernetzung der Club- und Musiker-Szenen über den Globus verstreut anzutreffen. Musikalische Traditionen, kulturelle Kontexte und tendenziell kommerzielle Rezeptionsweisen sollte man allerdings auseinander halten. Sie haben ihre lokalkoloristischen Elemente und stilistischen Nuancen. Wenn in Belgrad oder auf dem Festi-

---

164 Balkan Beats, CD: eastblok music, Berlin 2006
Balkan Beats, CD: eastblok music, vol. 2, Berlin 2006

165 Siehe hierzu: Balkan Beats Berlin. Culture Recycling, Dokumentation mit Tatjana Soko, Robert Soko, Alen Hebilovic, FH Dortmund und Rocknroll Productionx, DVD, Deutschland 2006

166 Interview mit DJ Shantel, geführt von Robert Rigney, unveröffentlichtes Manuskript.
Siehe auch die Bemerkungen von Peter Handke zu Kusturicas Film „Underground".
Peter Handke: Eine winterliche Reise zu den Flüssen Donau, Save, Morawa und Drina oder Gerechtigkeit für Serbien, Frankfurt am Main: Suhrkamp Verlag 1996, S.22ff.

167 Elemente aus Ska und Klezmer sollten in der Gesamtmischung nicht unerwähnt bleiben.

168 Siehe hierzu das Kapitel „Guca: The Rave That Time Forgot" bei Cartwright.
Garth Cartwright: Princes Amongst Men. Journeys with Gypsy Musicians, London: Serpent's Tail 2005, S.42-51

169 Auf der Homepage von Guca steht ein Zitat von Miles Davis, der dieses Festival besuchte: „Ich wusste nicht, dass die Trompete auf diese Art gespielt werden kann."
http://www.guca.co.yu; http://zeus.zeit.de/text/2003/37/Guca

val Guca Brass Music, sprich „trubaci", gehört wird, ist davon der Sound zu unterscheiden, zu dem das Publikum in den ‚westlichen' Clubs tanzt, wenn DJ's wie Soko (Berlin), Dunkelbunt (Wien)[170] oder Shantel (Frankfurt am Main) Balkan Beats auflegen, d.h. ihre Kenntnis der Musikszene und ihre Interpretation durch Auswahl bzw. Manipulation einbringen. Das gleiche gilt für die musikalische Aneignung bzw. Weiterverwertung von Balkan Beats durch diverse Bands in Ländern mit unterschiedlicher musikalischer Rezeption.[171]

Garth Carthwright, ein ethnographischer Soundforscher, schreibt über Gypsy Music: „I'm often asked why Western nations so soaked in hip and hype respond to illiterate Gypsy musicians dressed in slacks and nylon shirts. One word: *spirit*. Spirit draws audients from Japan to Mexico, New York to Berlin. *Let's call the children home.*
I chose Serbia and Macedonia, Bulgaria and Romania, for their rich reservoirs of Gypsy music. Across the countries these nations have formed a bridge between east and west: many civilisations, cultures, armies and religions have intersected here – the traces of their presence being especially strong in the music, music which blooms in brilliant colours across the Balkans, music shaped and spread by the Roma, the seeds planted producing extraordinary fruit, one that survives all manner of war, oppression and regime."[172]
Musik, deren ‚Notation' in historischen Ablagerungen graviert ist, wie es Cartwright anhand der „Balkan Roma" auffädelt, ‚artikuliert' sich zweifach: in den musizierenden Körpern der Musiker und durch den sie ständig begleitenden Gast: die Erinnerung. Diesen Mitspieler und Gegenspieler kennen andere Musiker so nicht. Zu einer vergleichbar ähnlichen Einschätzung kommt W.E.B. Du Bois – bezogen auf „The Soul of the Black Folk" und indirekt erfährt man dadurch auch etwas von Black Music:
"The history of the American Negro is the history of this strife, - this longing to attain self-consciousness manhood, to merge his double self into a better and truer self."[173]
Du Bois' fundierte Strukturanalysen sind noch immer lesenswert und erhellend. Sie bezeugen, warum die schwarze Bevölkerung in Amerika aufgrund ihres Doppel-Bewusstseins, das ist ein zweifacher Blick, einmal ihr

---

170 Der aus Hamburg kommende und bereits in der electronic und drum and bass Szene bekannte, jetzt in Wien lebende DJ Dunkelbunt (alias Ulf Lindemann) hatte sein Schlüsselerlebnis, welches ihm den Zugang zur Balkan Musik verschaffte, als er die Musik von Boban Markovic im Radio hörte. Seitdem ist Dunkelbunt für Balkan Musik eingenommen.
Robert Rigney „Balkan Beats", unveröffentlichtes Manuskript, Berlin Mai 2007
Siehe auch CD „Morgenlandfahrt" von Dunkelbunt; http://www.dunkelbunt.org/

171 Beispielsweise: 17 Hippies, Balkan Beats Box, Municipale Balcanica.

172 Garth Cartwright: Princes Amongst Men. Journeys with Gypsy Musicians, London: Serpent's Tail 2005, S.13f.

173 W.E.B. Du Bois: The Souls of Black Folk, New York, Toronto, London: Bantam Books 1989 (Originalausgabe 1903), S.3

eigener und wie sie sich selbst mit den Augen anderer sehen, eine Sonderstellung eingenommen hat. Oder anders gesagt, hier wird erstmals erklärt, wie eine kulturelle Spaltung im Bewusstsein der Zeitgenossen kulturell verortet werden kann.

Wenn dem Balkan Beat eine vergleichbare, zweigesichtige ‚Sprechfähigkeit' zugrunde liegt, dann kann man diese wohl am ehestens bei deren musikalischen Transmittern, den „Balkan Roma" feststellen. Es ist aber nicht nur diese strukturelle Gemeinsamkeit, die auffällt, sondern auch ein gewichtiger Unterschied, der auf der Ebene der Popkultur liegt. Balkan Pop ist sowohl ein trans- als auch ein monokultureller Austausch:

In der musikalischen Bewegung und in der Sprache der Körper ist eine Differenz aufgehoben, die die Bedingung für das eigene und fremde Selbstverständnis wie eine Wunde offen legt. Man muss auch sehen, wie getanzt wird. Während beim Techno-Beat jeder für sich eine meditative Trance anstrebt,[174] bilden sich beim Balkan Beat Gruppen einander anfassend im Kreis und adaptieren somit tradierte Volkstänze. Techno war cool, Balkan Beats ist eher hot. Dass Balkan Beat dazu veranlasst, die Entbalkanisierung auf der Tanzfläche sozusagen zu erproben, ist nicht viel mehr als genau das: eine öffentliche Demonstration! Diese zerstreut sich, kulminiert nicht in dem Augenblicksphantasma der Popkultur.[175] Die Tanzfläche beim Balkan Beat hat nicht nur einen Boden, sie hat im ‚übertragenen' Sinn auch ein Fundament. Die Körper haben eine Verankerung, sie richten sich auf die wirklichen Dinge, sind im Heideggerschen Sinne geerdet.[176] Nach dem Balkan Beat ist alles wie vorher, man tritt ins Freie. Egal wo.

---

174 Rainald Goetz schreibt:
„Musik war hier besonders laut und klar, in einem extra Soundareal von wenigen Metern Umkreis nur. Hier hatten sich einige, für diese spezielle Raumwirkung gerade speziell empfängliche Leute versammelt. Die Ultrapräzision der einzelnen Töne, Ton für Ton, und gleichzeitig das Gewaltige des Soundganzen der Musik. (...) Gerade Rhythmen müssen es gewesen sein, zu denen das passiert war eben. Denn jetzt plötzlich hatte es einen Break gegeben. Und der war in einem unglaublich fetten Beat explodiert, frenetisch bejubelt von allen, die gerade tanzten. (...) Mir fiel wieder ein: stimmt, so hatte das Jahr begonnen, bei der Sylvesterparty im E-Werk, als Westbam als erste Nummer und Riesenüberraschung den KLF-Kracher ‚What time is love' gespielt hatte. (...) Wie wir da getanzt haben. Namen, Blicke, Gedankenkaskaden."
Rainald Goetz: Rave, 3. Aufl., Frankfurt am Main: Suhrkamp Verlag 1998, S.80f.

175 Diedrich Diederichsen spricht in einem anderen Zusammenhang von einer „Perlenkette der Momente", von einer „zusammenhängenden Reihe einmaliger Zustände", letztlich von der nur ausnahmsweise sich einstellenden „historischen Sekunde", in der Pop Kultur ihren musikalischen, kulturellen und künstlerischen Augenblick aufs Neue erfindet bzw. wiederfindet.
Man würde dem gern folgen, wären solche Glücksmomente nicht derart obsolet, dass sie wider Willen sich einstellen: Man gewöhnt sich an alles, auch daran, dass man das Ungewöhnliche dosiert erwarten darf.
Diedrich Diederichsen: Forever Young. Wie die Rockmusik klassisch wird und sich vor ihrem eigenem Werk verneigt, in: Der Tagesspiegel, 22.12.2006, S.25

176 Nietzsche, Husserl, Heidegger und auch Foucault sprechen auf ihre Weise von Erdung.

Erkennt man in dem hybriden Musikstil - wie Balkan Beats - keinen Einzelfall, kann man solche kulturellen Phänomene auch allgemeiner fassen und aufeinander beziehen. In Südafrika hat die Musikrichtung Kwaito einen vergleichbaren Verlauf genommen. Kwaito ist ein Mix aus Hiphop, R&B und Ragga, entstanden Ende der 80er Jahre, überall gespielt, ein tanzbarer südafrikanischer Pop, der lokales Kolorit der Townships mit der Sprachenvielfalt Südafrikas verbindet. Kurz: Kwaito ist der einflussreichste Township-Pop in Südafrika.

Während der Apartheid (1910-1990/94) war die traditionelle schwarzafrikanische Musik der einzige gemeinsame Identifikationsfaktor. Sie unterlag von daher Beschränkungen oder musste ins Exil gehen (Miriam Makeba, Ladysmith Black Mambazo, Johnny Clegg & Juluka, Lucky Dube, Hugh Masekela, West Nkosi, Mahotella Queens, Vusi Mahasela, Mahlatini, Soul Brothers). Die Rolle von Miriam Makeba ist bekannt. Miriam Makeba steht für den Widerstand gegen die Apartheid und einem dreißigjährigem Exil.[177] „Unsere Lieder des Kampfes sind nicht einfach nur Vergnügen für uns. Sie sind die Art, wie wir kommunizieren. Die Presse, Radio und TV sind alle zensiert durch die Regierung. Wir können nicht glauben, was die sagen. Also machen wir Lieder, um uns Geschehnisse zu erzählen."[178] Hiermit spricht Miriam Makeba auch die traditionelle, schwarzafrikanische Musik an, die keinen großen Unterschied zwischen den Musizierenden, den Hörenden und Tanzenden macht, die allesamt im Rhythmus vereint sind, der Sänger ruft, der Chor antwortet, kommentiert oder ruft zurück, getragen von ständigen Wiederholungen und der Vermeidung größerer Tonschritte. So können einzelne Elemente endlos oft eingesetzt, ausgeweitet und variiert werden. Hinzu kommt ein fünftoniges (mollartiges) Tonsystem, welches dem Gesang eine besondere Färbung verleiht. Wichtig ist die Mitteilung, das erzählerische Moment und die Performance sowie der Einsatz von typischen Klanginstrumenten wie die Mirimba, die die Musik in Schwung hält.

Aufgrund der sozialen Bedingungen sind eigene Musikstile entstanden - wie „Isicathemica", international bekannt geworden durch „Ladysmith Black Mambazo". War es vor der Apartheid der Gegensatz Weiß-Schwarz, der das Land spaltete, so danach der zwischen Arm und Reich, ansatzweise auch eine neue Mittelschicht der farbigen, sozialen ‚Aufsteiger'. Da

---

Siehe dazu auch: "Voll Verdienst, doch dichterisch wohnet der Mensch auf dieser Erde". Heidegger und Hölderlin, hg. von Peter Trawny, Frankfurt am Main: Klostermann, 2000 (Schriftenreihe / Martin-Heidegger-Gesellschaft)

177 Es begann mit dem Anti-Apartheid-Film „Come Back to Africa" von 1959, woraufhin sie mit Hilfe von Harry Belafonte nach Amerika ins Exil gehen musste und endete 1990 mit der Bitte von Nelson Mandela, zurückzukehren.

178 Miriam Makeba, CD, Sangoma, Warner Bros. Record 1988, S.6

die Mitteilung und die Miteinbezogenheit aller (Menschen, Tiere, Götter) ein wichtiges Merkmal der traditionellen Musik ist, ist auch Kwaito von Anfang an eine aussagestarke Musikrichtung. Eine postkoloniale Signatur des Sagenkönnens ist seinem bekanntesten Protagonisten, Lucky Dube, musikalisch mit an die Hand gegeben worden: „This song comes deep down from the bottom of my heart. ‚cause it's a song that talks about the racial discrimination that is happening between blacks and whites."[179] Lucky Dube griff Mitte der 80er den populären Reggae (Peter Tosh) auf und machte mit der Anverwandlung dieser Musik das wieder entstandene Selbstbewusstsein der Rastafari-Bewegung, wie sie Stuart Hall analysiert hat, sich zu eigen.[180] Entgegen den orthodoxen Rückversicherungen und selbst auferlegten Einschränkungen der Rastafaris behielt Lucky Dube einen politisch offenen Blick, trennte er zwischen religiösem Fundamentalismus und politischer Emanzipation. „Not every black man is my brother. Not every white man is an enemy."[181] Indem Lucky Dube politisch und kulturell differenziert, entzieht er dem Einzelnen die identifizierende Vereinfachung, vergleichbar der transformatorischen Arbeit, die Stuart Hall von subjektiver Identitätsbildung, der „Aufspaltung des kolonisierten Subjekts", erwartet, beschreibt er in einem kulturell offenen Raum eine Konstruktion, in der das postkoloniale Individuum beginnt, politisch komplexe und auch widersprüchliche Eigenverantwortung zu übernehmen.
Wenn die Dauerpräsenz von Kwaito diesen Habitus des hybriden Musikstils populär wiederum vereinfacht, ist das durchaus legitim, denn es sind unendlich viele Nuancen in diesem Gemeinschafts-Sound enthalten. Wenn allerdings die Adaption von Musikrichtungen im Vordergrund steht und eben nicht eine Einheit von Produzenten, Performern und Rezipienten bildet, driftet die Adaption in einen postmodernen Eklektizismus ab, wird mitunter ganz einfach zu einem Marketingeffekt. Dass Marketing grundsätzlich dazugehört, ist selbstredend. Nur, wenn Marketingstrategien zu sehr im Vordergrund stehen, geht es eher in Richtung zur Lancierung eines medienwirksamen Hypes, was hier aber nicht weiter untersucht werden kann: Aufmerksamkeitssteuerung, Erlangung von Bekanntheit und Berühmtheit gehen viele Wege, einer ist die mythisch mediale Informationsaufladung, der Hype, eine begrifflich schwer zu fassende Sensation.

Wenn man danach fragt, was hybride Musikstile wie „Balkan Beats" und „Kwaito" als kulturelle Phänomene voneinander unterscheidet, kann man den gesellschaftspolitischen Hintergrund, zumal in den Anfängen, und den lokalen Bezug nicht außer Acht lassen. Identifikation mit den jeweiligen

---

179 Songankündigung von Lucky Dube 1990 in der Standard Black Arena in Johannesburg vor 50.000 Zuhörern.

180 Stuart Hall: Rassismus und kulturelle Identität. Ausgewählte Schriften, Hamburg, Berlin 1990, S.30

181 Lucky Dube, „My brother, my enemy" auf der CD: Trinity 1995

hybriden Stilen ist soziale Projektion, emotional aufgeladen und als Gemeinschaftserlebnis in der individuellen Erinnerung verankert. Auf der einen Seite stehen die kulturellen Phänomene als ‚musikalische Dialekte' für sich, auf der anderen Seite transportieren sie universale Elemente und sind von daher global orientiert. Das lässt sich über die bisher genannten Beispiele hinaus belegen. So gibt es auch in Mexiko eine Mix Music, indem tradierte Formen wie Son und Danzon mit aktuellen Trends aus Rock, Ska und Hip Hop, insbesondere der Brass-Music, verbunden werden - gut vertreten in der lebendigen Kulturszene von Tijuana an der mexikanisch-amerikanischen Grenze.

Josh Kuhn, der historische Transfers der Blasmusik in der Migration seit dem 19. Jahrhunderts feststellt wie auch den gegenwärtigen globalen Austausch im Auge hat, schreibt in der New York Times: „Brass Music can have this effect. The stammering pepper-spray of horns, the crisp snaps of snare rolls: it's precise and excessive at once, a jayous emotional tornado awash in spit, sweat and celebration. No wonder it's one of the world's most-spoken musical language - from Serbian villages to Manhattan's bustling ‚gypsy punk scene' to this year' Grammy Awards..."[182] Subsumiert man Genres wie Brass Musik unter World Music,[183] Weltmusik,[184] laufen hybride Musikstile Gefahr, ihr ureigenstes Ambiente zu verlieren. In jedem kulturellen Transfer liegt das Risiko einer Unschärfe.[185]

---

182 Josh Kuhn: The History of the World, Written by the Horn Seption, in: New York Times, Sunday, April 9, 2006, S.30, 32
Siehe auch Nina Roberts: The Gypsies pitch ut. Wild Balkan music is electrifying the New York club scene, in: Times Online, May 2006
http://entertainment.timesonline.co.uk/tol/arts_and_entertainment/music/article519446.ece

183 World Music fungiert heute als Verkaufsrubrik in Plattenläden. World Music ist eine Marketingstrategie von Plattenfirmen. Als einer der Erfinder dieser Kategorie, die gerade unter Musikern sehr kontrovers diskutiert wurde, gilt Ian Anderson, der Herausgeber der Zeitschrift fROOTS. Vergleiche auch David Byrne „Why I hate World Music", in: New York Times, 10.03.1999

184 Der Terminus Weltmusik (in Anlehnung an Weltliteratur bei Goethe) geht auf Georg Capellen (1869-1934) zurück, der hierunter 1906 einen Mischstil bezeichnete: „Bei der enormen Erweiterung unseres geistigen und politischen Horizontes in den letzten Jahrzehnten hätte uns längst die Frage kommen sollen, ob nicht vielleicht der Orient auch musikalisch uns anregen und befruchten könnte, in ähnlicher Weise wie die moderne Malerei durch die impressionistische Linienkunst der Japaner beeinflusst wurde." (Georg Capellen: Exotische Rhythmik, Melodie und Tonalität als Wegweiser zu einer neuen Kunstentwicklung, in: Die Musik, Bd. XXIII, 1906/07, S.216)
Ingrid Fritsch zitiert Capellen an anderer Stelle: „Durch diese Vermählung von Orient und Okzident gelangen wir zu dem neuen exotischen Musikstil, zur ‚Weltmusik', die natürlich je nach der nationalen und individuellen Veranlagung des Schaffenden in den verschiedensten Nuancen schillern wird."
Ingrid Fritsch: Zur Idee der Weltmusik, in: Weltmusik. Arbeitsgemeinschaft Musik in Ostwestfalen-Lippe, Köln, 1981, S.22

185 So schreibt Thomas Lindsay: „The definition of the Gypsy sound is equally contested. The Roma are nomadic, and they've assembled a culture from the places they've passed through, spawning new styles along the way. Building on their Indian Arab roots, they adapted their music to include Jewish klezmer and Balkan brass, which later influenced flamenco in Spain and jazz in France. On this side of the Atlantic, musicians continue to mix in even more styles: punk (Gogol Bordello), hip-hop (Balkan Beat Box), mariachi (DeVotchKa), and indie rock (Beirut)."

Zu bedenken, was notwendigerweise ausgeblendet wird, wenn kulturelle Dialoge auf die Einbezogenheit in die jeweiligen Kontexte, in denen sie zuerst generiert, gespielt und gehört werden, verzichten und was sie gewinnen, wenn sie sich mit anderen Kontexten, sozialen Umfeldern wiederum mischen. Wägt man einmal ab, erscheint plausibel, dass beide Seite ineinander greifen und zusammen gehören. Dadurch erhält Balkan Beats oder Balkan Brass Music einen rebellischen Impuls:

Musiker und Publikum blenden etablierte Muster der Vereinnahmung aus: Sie erproben ‚ihre' Zugehörigkeit. Mir erscheint wichtig, dass dadurch historische Spuren und die jeweiligen musikalischen Akzente in den Überlagerungen nicht ausgelöscht bzw. nivelliert werden. Ein Problem erkenne ich darin, dass hybride Musik eine allzu präsentische Lokalität suggeriert. Damit würde sie weder den Chancen der Enträumlichung wirklich nachkommen noch denen einer Verortung im Lokalen. Zwar stellt sich wie von selbst ein, verlangt aber die Beteiligung aller. Beides muss gewährt sein, sowohl lokale Intensität als auch globale
Gemeinsamkeit.

Thomas Lindsay: Gypsy Rock. Scene of the Year, in: Spin, January 2007, S.76

Zusammenfassung

Alle in diesem Text aufgeworfenen Fragen umkreisen und durchdringen kulturelle Vorausaussetzungen, Entwicklungen und Perspektiven allein mit dem Ziel, Normalkultur als einen Ort der Phantasie wiederzuentdecken. Die hier zusammengebrachten Ideen und Auseinandersetzungen belegen, dass soziale Phantasie wieder ein lebendiger Ort der Kultur ist. Es wird ein sehr weiter thematischer Bogen gespannt, der Ausdifferenzierungen zur Normalkultur auf verschiedenen Ebenen exemplarisch in Beziehung setzt.

Normalkultur widerspricht dem vorherrschenden Klischee einer Fassadenkultur, der Vorstellung einer technologisch massenwirksamen, bürokratisch organisierten Gesellschaft. Sie macht darauf aufmerksam, dass z.B. neben dem kultur-touristischen Blick auf urbane Ensembles und Ereignisse oder neben dem konsumistischen Blick auf die Auslagen- und Angebotskultur parallel, zeitgleich und zeitversetzt auch andere Wahrnehmungsmuster existieren, die eigentlich jeder im Wechsel der Perspektiven zwischen Arbeit und Konsum erfährt. Wer täglich damit beschäftigt ist, Politikern und anderen Schminke aufzutragen oder wer täglich ein Büro hinter einer Blendfassade aufsucht, nimmt seine Umgebung ganz selbstverständlich und normal wahr. Fasst man solche möglichen Blickwechsel von Leuten zusammen, entsteht ein Gefühl und Interesse für eine Gegenwart, die sich aus Alltagserfahrungen erschließt. Die gängigen Muster der Identität werden dadurch aufgehoben: Die Rollen, die der Einzelne einnehmen kann, werden vielfältiger und vielschichtiger, auf jeden Fall werden sie dynamischer und variabler. Es trifft zu, was Erwin Goffman festgestellt hat: „Wir alle spielen Rollen".[186] Wir tun das bezogen auf die Durchsetzung und Inszenierung unserer Interessen sogar immer perfekter. Aber diese Rollenmuster sind überfordert, auf aktuelle Herausforderungen zu reagieren. An mangelnder Darstellungskunst und fehlendem Selbstmanagement liegt es nicht, wenn der Text bekannter Rollen ausgedient hat, sondern daran, dass ganz allgemein gesehen zwischen Rolle und Selbst, zwischen Individuum und Inszenierung, zwischen der Gruppe und deren Zielsetzung eine sinnvolle Verknüpfung fehlt. Normalkultur benötigt beides, einen alltagstauglichen Schausteller und einen Autor, der seine Vorstellungen und Handlungen zusammen mit anderen Akteuren transparent und kritisch verantwortet. Ideen kann man nur in Gang bringen, wenn Phantasie und Lust zum Handeln sich verbinden und einen Weg der Realisierung finden. Das aber muss man versuchen, muss es ausprobieren.

---

[186] Erving Goffman: Wir alle spielen Theater. Die Selbstdarstellung im Alltag, 5. Aufl., München: Piper Verlag, 1996, S.232f.

Wir konnten einige Brennpunkte der sozialen Phantasie, die Normalkultur antreibt, diskutieren und feststellen, dass die Phantasie selbst ein Prozess ist, der über die Gespräche der Leute, durch den Dialog zwischen den Kulturen in Gang gebracht wird und durch Tätigkeiten Formen annimmt. Mit diesem modellartigen Verständnis lässt sich soziale und kulturelle Phantasie als ein offener, inhaltlich motivierter Organisationsprozess beschreiben. Ob es nun herkömmliche oder aktuelle Kommunikationsmittel sind, die dabei genutzt werden, entscheidend allein ist, dass durch deren Gebrauch kulturelle Netzwerke entstehen. Sie schaffen Rahmenbedingungen für Handlungen, die bislang dem Anspruch von Kunst vorbehalten waren. Die Auflösung bzw. Einordnung künstlerischer Arbeit in den entstehenden kulturellen Räumen zeigt eine tief greifende Umwälzung an.

Wir haben die Verflüssigung von Ideen, Visionen und Konzepten beispielhaft anhand der Antriebslogik von ‚Wahlverwandtschaften' in sozial sich konstituierenden Gemeinschaften kritisch erörtert und hierbei tradierte Organisationsformen wie Gilden oder andere sozial teilbare Tätigkeitsperspektiven anhand von Saison- und Heimarbeit besprochen sowie gegenwärtige Herausforderungen zu ‚gegenseitiger Hilfeleistung' in kleinen sozialen Gemeinschaften nüchtern abgewogen. Natürlich sind es immer auch kulturelle Freiräume, die durch künstlerische Phantasie aufgemacht werden. Durch die spielerische Phantasie der Kunst ist es möglich, unbefangen Utopien zu entwerfen, in intermedialen Netzwerken zu arbeiten: Alltagsphantasie ist ein kultureller Motor, der gleichsam an vielen Stellen die Dinge ins Rollen bringt. Das geschieht mit dem kreativen Selbstverständnis aus sich heraus, um Aktionsfelder zu konstituieren und nutzbar zu machen, aus denen die konkreten Bedürfnisse des Alltags einen Weg der Realisierung suchen und einen des Austausches finden.

Interessant ist, dass aus einer abhängigen und vorfabrizierten Versorgungsmaschine eine aktive Kraft der Steuerung und Gestaltung von Normalkultur hervorgehen kann. Die soziale, technische und kommunikative Phantasie, wie wir sie hier interdisziplinär reformuliert haben, widersetzt sich der Auffassung von Mangel oder Defizit, die kompensiert oder repariert werden sollen oder Metaphern wie Kunst als Krankheit. Unter den Bedingungen von Normalkultur entstehen demzufolge kulturelle Räume als Experimentierfelder, liegen die Aufgaben einer Kunst, die an lebendigen Formen im Alltag gestalterisch Anteil hat, steht die Gruppe anstelle des Individuums im Mittelpunkt. Letzteres konnte hier anhand von Balkan Beats als kulturelles Phänomen demonstriert werden. Das Kapitel über Balkan Beats geht auch auf die politischen Hintergründe ein, denn die ‚europäische Frage' war und ist mit dem Balkan und der Balkanisierung verbunden. Während sich der Einmarsch der NATO-geführten KFOR in den

Kosovo von 1998 diesem Bild fügt, tanzen die Leute, die heute Balkan Beats hören, sozusagen aus der Reihe. Sie fügen sich nicht dem politischen Muster von Ausgrenzung und Isolierung. Hier liegt ein Schlüssel der sozialen Phantasie, die gemeinschaftsübergreifend über Europa hinaus sich als globales Phänomen erweist.

Literaturverzeichnis

AGAMBEN, Giorgio: Ausnahmezustand, Frankfurt am Main: Suhrkamp Verlag 2004.

AGAMBEN, Giorgio: Profanierungen, Frankfurt am Main: Suhrkamp Verlag 2005.

AGENTUR BILWET: Der DatenDandy. Über Medien, New Age und Technokultur, Mannheim: Bollmann Verlag 1994.

ALBROW, Martin: Das globale Zeitalter, Frankfurt am Main: Suhrkamp Verlag 2007.

BALKAN BEATS Berlin. Culture Recycling, Dokumentation mit Tatjana Soko, Robert Soko, Alen Hebilovic, FH-Dortmund und Rocknroll Productionx, DVD, Deutschland 2006.

BALKAN BEATS, CD: eastblok music, Berlin 2006.

BALKAN BEATS, CD: eastblok music, vol. 2, Berlin 2006.

balkan diskurs #4 - Balkan und Europa - Analyse und Kommentar von innen und außen, in: balkan anders, Heft 1, 5. Jg., Juni 2006.

BAUDRILLARD, Jean: Der unmögliche Tausch, Berlin: Merve Verlag 2000.

BAUDRILLARD, Jean: Der symbolische Tausch und der Tod, 1. Aufl., München: Matthes & Seitz Verlag 1982.

BAUMANN, Max Peter: Musik im interkulturellen Kontext, Verlag Traugott Bautz, Nordhausen 2006 (Interkulturelle Bibliothek, Bd. 118).

BAX, Daniel: Die Achse der Compilitions, in: Die TAZ, 01.12.06, S.15

BERGMANN, Frithjof: Neue Arbeit, neue Kultur, Freiamt im Schwarzwald: Arbor Verlag 2004.

BEUYS, Josef: „Jeder Mensch ist ein Künstler", in: Kunst = Kapital. Achberger Vorträge, hg. von von Rainer E. Rappmann, Wangen: FIU-Verlag 1992.

BHABHA, Homi K.: Die Verortung der Kultur, Tübingen: Stauffenburg Verlag 2000.

BHABHA, Homi: Das Zwischen der Kultur, in: KATALOG Graz: Inklusion : Exklusion: Versuch einer neuen Kartografie der Kunst im Zeitalter von Postkolonialismus und globaler Migration, hg. von Peter Weibel, steirischer herbst 96, Köln: DuMont Buchverlag 1997, S.68-73.

BLOCH, Ernst: Das Prinzip Hoffnung, Erster Band, 1. Aufl., 3 Bde., Frankfurt am Main: Suhrkamp Verlag 1973.

BLUMENBERG, Hans: Die Vollzähligkeit der Sterne, Frankfurt am Main: Suhrkamp Verlag 2000.

BÖHME, Hartmut: Fetischismus und Kultur. Eine andere Theorie der Moderne, Reinbek: Rowohlt Verlag 2006.

BOLZ, Norbert: Das konsumistische Manifest, München: Wilhelm Fink Verlag 2002, S.121f.

BURKE, Peter: Kultureller Austausch, 1. Aufl., Frankfurt: Suhrkamp Verlag 2000, S.17-21
(Erbschaft unserer Zeit, Vorträge über den Wissensstand der Epoche, Band 8)

KATALOG Köln: Kunstwelten im Dialog. Von Gauguin zur globalen Gegenwart, hg. von Marc Scheps, Yilmar Dziewior und Barbara M. Thiemann, Museum Ludwig Köln, Köln: 1999, 2000.

CAPELLEN, Georg: Exotische Rhythmik, Melodie und Tonalität als Wegweiser zu einer neuen Kunstentwicklung, in: Die Musik, Bd. XXIII, 1906/07, S.216

CARTWRIGHT, Garth: Princes Amongst Men. Journeys with Gypsy Musicians, London: Serpent's Tail 2005

DAVIES, Norman; MOORHOUSE, Roger: Breslau. Die Blume Europas. Die Geschichte einer mitteleuropäischen Stadt, München: Droemer Verlag 2002/2005.

DELEUZE, Gilles; Félix GUATTARI: Rhizom, 1. Aufl., Berlin: Merve Verlag 1977.

DIEDERICHSEN, Diedrich: Forever Young. Wie die Rockmusik klassisch wird und sich vor ihrem eigenem Werk verneigt, in: Der Tagesspiegel, 22.12.2006, S.25.

DU BOIS, W.E.B.: The Souls of Black Folk, New York, Toronto, London: Bantam Books 1989 (first edition 1903).

ENGELBERT, Arthur: Die Unkultur der Einmischung. The Unculture of Invention, in: ENGELBERT, Arthur; PAGEL, Maike; BORCHERS, Wolf (Hg.): Cultrans. Ansichtssachen der Kunst. Views of Art, Würzburg: Verlag Königshausen & Neumann 2005, S.15-67.

ENGELBERT, Arthur: The Work of Art and the Public's Role, in: Hermann Voesgen (Ed.): "What makes Sense?". Cultural Management and the Question of Values in a Shifting Landscapes, published by ENCATC, Dresden: elinea 2005, S.129-135.

FLUSSER, Vilém: Vom Subjekt zum Projekt, Menschwerdung, Schriften Bd. 3., hg. von Stefan Bollmann und Edith Flusser, Düsseldorf: Bollmann Verlag 1994.

FRANK, Manfred; RAULET, Gérard; REIJEN, Willem van: Die Frage nach dem Subjekt, 1. Aufl., Frankfurt/ Main: Suhrkamp Verlag 1988.

FRIEBE, Holm; LOBO, Sascha: Wir nennen es Arbeit. Die digitale Bohème oder Intelligentes Leben jenseits der Festanstellung, 3. Aufl., München 2007: Heyne Verlag.

FRITSCH, Ingrid: Zur Idee der Weltmusik, in: Weltmusik. Arbeitsgemeinschaft Musik in Ostwestfalen-Lippe, Köln, 1981.

FUCHS, Max: Zu den kulturellen Grundlagen der Gesellschaft. Der Streit über eine Leitkultur als Herausforderung für die Kulturpolitik und -pädagogik, Berlin: Deutscher Kulturrat, www.kulturrat.de 30.09.2006, 62 Seiten.

GABAR, Oleg: Islamische Ornamentik und westliche Abstraktion – kritische Anmerkungen zu einer Wahrverwandschaft, in: KATALOG Riehen/ Basel: Ornament und Abstraktion. Kunst der Kulturen, Moderne und Gegenwart im Dialog , hg. von Markus Brüderlin, Fondation Beyeler Basel, Köln: DuMont Verlag 2001, S.72

GADAMER, Georg: Wahrheit und Methode. Grundzüge einer philosophischen Hermeneutik, 4. Aufl., Tübingen: J. C. B. Mohr Verlag 1975.

GADAMER, Hans-Georg: "Suchende sind wir im Grunde alle", Farkas-Zoltán Hajdúís Gespräch mit dem Heidelberger Philosophen, in: Aufklärung & Kritik, 2/2002, S. 141-149

GADAMER, Hans-Georg: Wer bin ich und wer bist Du. Kommentar zu Celans Gedichtfolge 'Atemkristall', in: DERRIDA, Jacques; GADAMER, Hans-Georg: Der ununterbrochene Dialog, 1. Aufl., Frankfurt am Main: Suhrkamp Verlag 2004.

GOETZ, Rainald: Rave, 3. Aufl., Frankfurt am Main: Suhrkamp Verlag 1998.

GOFFMAN, Erving: Wir alle spielen Theater. Die Selbstdarstellung im Alltag, 5. Aufl., München: Piper Verlag 1996.

GRISEBACH, Valeska: Von hier aus, in: Revolver. Zeitschrift für Film, Heft 16, Frankfurt am Main: Verlag der Autoren 2007, S.75-91.

HALL, Stuart: Die Zentralität von Kultur, in: HEPP, Andres; LÖFFLER, Martin (Hg.): Grundlagentexte zur transkulturellen Kommunikation, Stuttgart: UVK Verlagsgesellschaft 2002, S.95-117.

HALL, Stuart: Rassismus und kulturelle Identität. Ausgewählte Schriften, Hamburg, Berlin 1990.

HARDT, Michael; NEGRI, Antonio: Empire. Die neue Weltordnung, Frankfurt/M., New York: Campus Verlag 2002.

HARDT, Michael; NEGRI, Antonio: Multitude. Krieg und Demokrie im Empire, Frankfurt/Main, New York: Campus Verlag 2004.

HENRICH, Dieter: Denken und Selbstsein. Vorlesungen über Subjektivität, Frankfurt am Main: Suhrkamp Verlag 2007.

HEIDEGGER und Hölderlin, hg. von Peter Trawny, Frankfurt am Main: Klostermann, 2000 (Schriftenreihe / Martin-Heidegger-Gesellschaft).

HIRSCHHORN, Thomas in: Katalog: Utopia, Utopia = One World, one War, one Army, one Dress, hg. vom Institute of Contemporary Art, Boston 2005.

HIRSCHHORN, Thomas: Bataille Maschine, Berlin: Merve Verlag 2003.

Höffe, Otfried: Kants Kritik der reinen Vernunft. Die Grundlegung der modernen Philosophie, München: Verlag C. H. Beck 2003.

HOLZ, Hans Heinz: Seins-Formen. Über strengen Konstruktivismus in der Kunst, Bielefeld: Aisthesis Verlag 2001.

HONNETH, Axel: Verdinglichung. Eine anerkennungstheoretische Studie, Frankfurt am Main: Suhrkamp Verlag 2005.

HORKHEIMER, Max; ADORNO, Theodor W.: Dialektik der Aufklärung, Frankfurt am Main: S. Fischer Verlag 1982.

http://entertainment.timesonline.co.uk/tol/arts_and_entertainment/music/article519446.ece.

O'REILLY, Tim: „Wir betreten eine neue Welt", in: http://www.spiegel.de/netzwelt/web/0,1518,451137,00.html; Stand 12.01.2007

KANT, Immanuel: Kritik der Urteilskraft, 1. Aufl., Frankfurt/ Main: Suhrkamp Verlag 1974 (Ausgabe stimmt überein mit Bd. IX und X der Theorie-Werkausgabe von Wilhelm Weischedel).

KATALOG Berlin: History Will Repeat Itself. Strategien des Reenactment in der zeitgenössischen (Meiden)Kunst und Performance, hg. von Inke Arns und Gabriele Horn, MedienKunstVerein, Dortmund und KW, Institute for Comtemporary Art Berlin, Berlin: 2007.

KATALOG Graz: Inklusion : Exklusion: Versuch einer neuen Kartografie der Kunst im Zeitalter von Postkolonialismus und globaler Migration, hg. von Peter Weibel, Steirischer Herbst 96, Köln: DuMont Buchverlag 1997.

KATALOG Washington: Circa 1492. Art in the Age of Exploration, edited by Jay A. Levenson, National Gallery oft Art Washington, New Haven and London: Yale Universtiy Press 1991.

KROPOTKIN, Peter: Gegenseitige Hilfe in der Tier- und Menschenwelt, dt. Ausgabe besorgt von Gustav Landauer, mit einem Nachwort neu hg. von Henning Ritter, Grafenau: Trotzdem Verlag 1999.

KUHN, Josh: The History of the World, Written by the Horn Seption, in: New York Times, Sunday, April 9, 2006.

LAQUEUR, Walter: Die letzten Tage von Europa. Es geht nicht mehr um den Aufstieg zur führenden Weltmacht – für den Kontinent geht es ums Überleben, in: TAZ, 24.09.2006.

LIESSMANN, Konrad Paul: Theorie der Unbildung. Die Irrtümer der Wissensgesellschaft, Wien: Paul Zsolnay Verlag 2006.

LINDSAY, Thomas: Gypsy Rock. Scene of the Year, in: Spin, January 2007, S.76.

LOERS, Veit: Schlaf der Vernunft, in: KATALOG Kassel: Schlaf der Vernunft, hg. von Veit Loers, documenta und Museum Fridericianum Veranstaltungs-GmbH, Kassel: 1988, S.173-188

LUGER, Kurt Robert; RENGER, Rudi (Hg.): Dialog der Kulturen. Die multikulturelle Gesellschaft und die Medien, Wien: Österreichischer Kunst- und Kulturverlag 1994.

LUHMANN, Niklas: Formen des Helfens im Wandel gesellschaftlicher Bedingungen, in: OTTO, Hans-Uwe; SCHNEIDER, Siegfried (Hg.): Gesellschaftliche Perspektiven der Sozialarbeit, Bd. 1: Gesellschaftliche Formen des Helfens, abweichendes Verhalten und soziale Kontrolle, Theorie-Praxis-Probleme, 2 Bde., Neuwied: Luchterhand Verlag 1973, S.134-149.

LUHMANN, Niklas: Identität - was und wie?, in: Soziologische Aufklärung 5, Opladen: Westdeutscher Verlag 1990, S.14-30.

LUHMANN, Niklas: Beobachtungen der Moderne, Opladen: Westdeutscher Verlag 1992.

LUHMANN, Niklas: Die Realität der Massenmedien, Opladen: Westdeutscher Verlag 1995.

LÜSEBRINK, Hans-Jürgen: Interkulturelle Kommunikation. Interaktion Fremdwahrnehmung, Kulturtransfer, Stuttgart: Metzler Verlag 2005.

MALZACHER, lorian; DREYSSE, Miriam (Hg.): Experten des Alltags. Das Theater von Rimini Protokoll, mit Beiträgen von Beiträge von Eva Behrendt, Diedrich Diederichsen, Heiner Goebbels, Hans-Thies Lehmann, Annemarie Matzke, Tobi Müller, Martina Müller-Wallraf, Matthias Pees, Rimini Protokoll, Kathrin Röggla, Gerald Siegmund, Berlin: Alexander Verlag 2007.

MARX, Karl: Der Ursprung der Famile, des Privateigentums und des Staats, in: MEW, Bd. 21, Berlin: Dietz Verlag 1993.

MIRIAM MAKEBAR, CD, Sangoma, Warner Bros. Record 1988.

NEGT, Oskar: Die Faust-Karriere. Vom verzweifelten Intellektuellen zum gescheiterten Unternehmer, Göttingen: Steidl-Verlag 2006.

NEGT, Oskar: Arbeit und menschliche Würde, Göttingen: Steidl-Verlag 2001.

PAECH, Joachim: Intermedialität. Mediales Differenzial und transformative Figuration, in: HELBIG, Jörg (Hg.): Intermedialität. Theorie und Praxis eines intermedialen Forschungsgebiets, Berlin: Erich Schmidt Verlag 1998, S.14-27.

PICHT, Georg: Prognose, Utopie, Planung. Die Situation des Menschen in der Zukunft der technischen Welt in: ders.: Vorlesungen und Schriften, hg. Constanze Eisenbart in Zusammenarbeit mit Enno Rudolph, Stuttgart: Klett-Cotta Verlag 1992, S.1-42.

POSCHARDT, Ulf: DJ Culture. Diskjockeys und Popkultur, Reinbek: Rowohlt Verlag 2001.

POULAIN, Jacques: Mondialisierungen als philosophisches Experiment. Kulturelle Diversität und transkultureller Dialog, in: BADURA, Jens (Hg.): Mondialisierungen. „Globalisierung im Lichte transdisziplinärer Reflexionen, Bielefeld: transkript Verlag 2006, S.135-151.

POULAIN, Jacques: Mondialisierungen als philosophisches Experiment. Kulturelle Diversität und transkultureller Dialog. In: Badura, Jens (Hg.): Mondialisierungen. "Globalisierung" im Lichte transdisziplinärer Reflexionen, Bielefeld: transcript Verlag 2006, S. 135-151.

PUFF, Melanie: Postmoderne & Hybridkultur, Wien: Passagen Verlag 2004.

RHEINGOLD, Howard: Smart Mobs. Next Social Revolution, New York: Perseus Books 2003.

RHEINGOLD, Howard: Virtuelle Gemeinschaft. Soziale Beziehungen im Zeitalter des Computers, 1. Aufl., Bonn, Paris: Addison-Wesley GmbH 1994.

RHEINGOLD, Howard: Virtuelle Welten, Reinbek: Rowohlt Verlag 1992.

ROBERT, Rigney: An interview with DJ Shantel by Robert Rigney, Berlin 2007 (Manuskript des Autors).

ROBERTS, Nina: The Gypsies pitch ut. Wild Balkan music is electrifying the New York club scene, in: Times Online, May 2006.

SAID, Edward W.: Culture & Imperialism, London: Vintage Edition 1994.

SAID, Edward W.: Orientalism, New York: Vintage Books 1978.

SCHNEIDER, Birgit: Diagramm und bildtextile Ordnung in: Bildwelten des Wissens, Diagramme und bildtextliche Ordnungen, Kunsthistorisches Jahrbuch für Bildkritik, Bd. 3,1. , hg. von Horst Bredekamp und Gabriele Werner, Berlin: Akademie Verlag: 2005, S. 9-19

SEN, Amartya: Die Identitätsfalle. Warum es keinen Krieg der Kulturen gibt, München: H. C. Beck Verlag 2007.

Soziale Innovation, Folge 7: Neue Arbeit, in: brand eins Online, 7/2006.

SPAEMANN, Robert: Personen. Versuche über den Unterschied zwischen 'etwas' und 'jemand', 2. Aufl., Stuttgart: Klett-Cotta Verlag 1998.

SPIEGEL, Peter: Eine humane Wirtschaft. Erfolgsfaktor Mensch, Düsseldorf: Patmos Verlag 2007, S.145-149.

STEINWEG, Marcus: Bataille Maschine, Berlin: Merve Verlag 2003.

Transkulturalität - Lebensformen nach der Auflösung der Kulturen, in: Information Philosophie, Heft 2, 1993, S. 5-20.

TODOROVA, Maria: Die Erfindung des Balkans. Ein bequemes Vorurteil, Darmstadt: Primus Verlag 1999.

TROTZKI, LEO: Ein Sieg Hitlers bedeutet: Krieg gegen die UdSSR – erschien zuerst in englisch: „I see war with Germany" am 28. Dezember 1931 in der amerikanischen Zeitschrift „The Forum", am 16.7.1932 in der sozialistischen Wochenzeitung „The Militant", dann auf deutsch 1932 in der „Permanenten Revolution" der Linken Opposition der KPD.

TROTZKI, LEO: Manifest der IV. Internationale zum imperialistischen Krieg und zur proletarischen Weltrevolution, Teil I, angenommen bei der Notkonferenz der IV. Internationale, 19. -26. Mai 1940 in New York.

UTOPIA Station: What is a station?, Text von Molly Nesbit, Hans Ulrich Obrist und Rirkrit Tiravanija, in: Katalog Venedig: Dreams And Conflicts. 50th International Art Exibition, hg. von la biennale di Venezia, director Francesco Bonami, Venedig: 2003.

VIRNO, Paolo: Grammatik der Multitude. Öffentlichkeit, Intellekt und Arbeit als Lebensformen. Mit einem Anhang: Die Engel und der General Intellect. Individuation bei Duns Scotus und Gilbert Simondon, Wien: Verlag Turia + Kant 2005.

WALLERSTEIN, Immanuel im Gespräch Molly Nesbit, Hans Ulrich Obrist und Rirkrit Tiravanija hin: Meeting with Immanuel Wallenstein, in: Katalog Venedig: Dreams And Conflicts. 50th International Art Exibition, hg. von la biennale di Venezia, director Francesco Bonami, Venedig: 2003.

WALLERSTEIN, Immanuel: Utopistik. Historische Alternativen des 21. Jahrhunderts, Wien: Promedia Verlag 2002.

WARBURG, Aby M.: Schlangenritual. Ein Reisebericht. Mit einem Nachwort von Ulrich Raulff, Berlin: Wagenbach Verlag 1996.

WELSCH, Wolfgang: Transkulturalität. Lebensformen nach der Auflösung, in: LUGER, Kurt; RENGER, Rudi (Hg.): Dialog der Kulturen. Die multikulturelle Gesellschaft und die Medien, Wien: Österreichischer Kunst und Kulturverlag 1994.

WONSCHEWSKI, David: Amerikas Balkanisierung, in: Spiegel Online_22.11.2006.

www.aec.at/de/archives/
www.brandeins.de/home/
inhalt_detail.asp?id=2039&MenuID=130&MagID=75&sid=su801441231924715793
www.guca.co.yu; http://zeus.zeit.de/text/2003/37/Guca.
www.fh-potsdam.de/~kultur/PROJECTS/sotc
www.heise.de
www.iw-live.de/wissen
www.onair.co.za
www.secondlife.com
www.socialware.at
www.spiegel.de/netzwelt/web/0,1518,451137,00.html; Stand 12.01.2007
www.thetownhousegallery.com/

YUNUS, Muhammad: Für eine Welt ohne Armut. Die Autobiographie des Friedensnobelpreisträgers, Bergisch Gladbach: Bastei Lübbe Verlag 2006.